8° R 9901

AF458501

LA

SAGESSE DU HAMEAU

8° R
9901

A la même Librairie

OUVRAGES DU MÊME AUTEUR :

TROIS MOIS SOUS LA NEIGE, journal d'un jeune habitant du Jura, ouvrage destiné à servir de lecture courante dans les écoles primaires. 1 vol. in-18. Prix, cartonné........................ » 60

— Le même ouvrage, format in-12, suivi des *Aventures du jeune Maurice*. 1 volume d'environ 240 pages. Prix, cartonné.................... » 90

— Le même, orné de 6 belles vignettes........... 1 »

Ouvrage qui a obtenu de l'Académie française un prix de 1,500 fr. comme un des ouvrages les plus utiles aux mœurs, autorisé par le Conseil de l'Instruction publique, et honoré de la souscription de S. Exc. M. le Ministre de l'Instruction publique, pour être placé dans les bibliothèques scolaires.

COLONS (LES) DU RIVAGE, ou Industrie et Probité; suivi de deux nouvellles, *Germain le vannier* et *les Deux Meuniers*. Nouv. édition. 1 vol. in-12. Prix, cartonné........................ » 80

— Le même, avec 6 belles vignettes sur bois. Prix, cartonné.................................... » 90

Ouvrage autorisé par l'Université, et honoré de la souscription de S. Exc. M. le Ministre de l'Instruction publique, pour être placé dans les bibliothèques scolaires.

FABLIER (LE) DES ÉCOLES, choix de fables des fabulistes français, avec une *explication morale et des notes* destinées à en rendre la lecture plus facile et plus utile aux enfants:

— *Première partie*, choix de fables de la Fontaine. 1 vol. in-18. Prix, cartonné............ » 60

— *Deuxième partie*, fables choisies de Florian et d'autres fabulistes. 1 vol. in-18. Prix, cartonné. » 60

Ouvrage honoré de la souscription de S. Exc. M. le ministre de l'Instruction publique, pour être placé dans les bibliothèque scolaires.

LA SAGESSE DU HAMEAU

ENTRETIENS D'UN AIEUL ET DE SES PETITS-ENFANTS

SUR LA FAMILLE,
L'AUTORITÉ PATERNELLE, LE TRAVAIL, LA PROPRIÉTÉ,
LES RICHES ET LES PAUVRES

Ouvrage destiné à servir de lecture courante
dans les Écoles primaires,

PAR

J. J. PORCHAT

ONZIÈME ÉDITION

PARIS
LIBRAIRIE CH. DELAGRAVE
15, RUE SOUFFLOT, 15

1890

Tout exemplaire de cet ouvrage non revêtu de ma griffe sera réputé contrefait.

CHARTRES. — IMPRIMERIE GARNIER.

LA

SAGESSE DU HAMEAU

PREMIER ENTRETIEN.

De la Famille.

FRANÇOIS. Grand-papa, on nous permet de veiller encore quelques moments avec vous, et je propose de jouer à la main chaude.

L'AÏEUL. Si c'est l'avis de Louise et de Jules, je le veux bien ; mes genoux vous serviront d'appui : çà, commençons.

LOUISE. Que François me promette auparavant de ne plus frapper si fort !

JULES. Pour moi, j'aimerais beaucoup mieux que grand-papa voulût bien causer avec nous comme hier au soir.

LOUISE. Ah ! sans doute, s'il pouvait nous faire le plaisir ! Mais cela le fatiguerait peut-être, et nous aurions trop de regrets si sa toux allait recommencer.

L'AÏEUL. Je me ménagerai. Si nous écoutons en silence celui qui parlera, nous pourrons causer sans fatigue.

JULES. Je voudrais, mon cher grand-père que ce fût toujours à vous de parler. Si nous disons quelques mots, ce sera seulement pour vous donner du repos, car nous ne savons rien, nous autres, et vous savez tant de choses!

L'AÏEUL. Pas tant que tu crois, mon ami. Il est vrai qu'à ton âge j'avais commencé à faire des études, pour obéir à mon père, mais je les ai bientôt abandonnées, avec sa permission, pour revenir à l'agriculture, que j'aimais par-dessus tout. J'ai rapporté du collége le goût de l'étude plutôt que la science. Cependant, comme je désire vivement vous aider à devenir bons et sages, nos entretiens ne vous sont pas inutiles; nous découvrons souvent, en nous excitant les uns les autres, des choses auxquelles nous ne pensions pas.

JULES. Vous nous faites bien de l'honneur en nous mettant de moitié dans la découverte! Quand je pense tout seul, je ne trouve pas grand' chose.

FRANÇOIS. Comme c'est heureux, puisque les enfants sont si curieux, qu'il y ait des grands-papas pour les instruire!

L'AÏEUL. Votre père et votre mère sont, le plus souvent, trop occupés pour vous écouter et vous répondre. Apparemment c'est pour que je tienne un peu leur place auprès de vous que Dieu me conserve la vie. Mais, si vous avez besoin de moi, sachez, mes enfants, que j'ai aussi besoin de vous. Ne croyez-vous pas que, sans vous, je passerais la veillée assez tristement?

LOUISE. Puisque la faiblesse de votre vue ne vous permet plus de lire à la lumière.

L'AÏEUL. Heureusement je lis encore un peu pendant le jour, tandis que vous êtes à l'école. Et puis j'ai lu autrefois, et je n'ai pas trop oublié. Ce que je sais encore est à votre service. (*Louise embrasse son grand-père et lui fait des caresses.*)

FRANÇOIS. Notre maison est assez écartée; il ne vient guère d'étrangers chez nous; mais quand nous serions seuls sur la terre, avec vous et nos parents, nous ne serions pas à plaindre, et nous passerions fort bien notre temps.

LOUISE. Eh! n'était-ce pas ainsi que vivaient nos premiers parents? Si Caïn n'avait pas été un méchant, ils auraient vécu fort heureux.

JULES. Et pourtant le premier homme savait bien moins de choses que grand-papa; il n'y avait point de livres dans ce temps-là, point de villes, point de société.

LOUISE. Dis donc aussi qu'il n'y avait pas encore de grands-papas!

FRANÇOIS. C'est vrai cela! Comme les familles se forment! Cela vient peu à peu; mais, quand on est au complet, c'est charmant!

LOUISE. Il faudrait que cela durât toujours.

L'AÏEUL. La famille dure, mais nos rôles changent. Plus tard vous serez pères et mères à votre tour.

FRANÇOIS. Et vous serez arrière-grand-père. Quel plaisir! Il y aura chez nous des gens de quatre récoltes. (*A Louise.*) Moi, je serai l'oncle de tes enfants, tu seras la tante des miens, et nos enfants seront entre eux...

JULES. Cousins germains.

FRANÇOIS. J'allais le dire. Que de monde, je vous prie! Supposé que nous ayons chacun trois enfants; trois fois trois font neuf, et nous trois, douze; papa, maman, grand-papa, grand' maman...

LOUISE. Que tu aurais dû nommer les premiers...

FRANÇOIS. Cela fait seize personnes. Quelle table!

L'AÏEUL. Cependant tu as oublié des convives.

FRANÇOIS. Qui donc?

JULES, *riant*. Tu as oublié ta femme, la mienne et le mari de Louise.

FRANÇOIS. C'est vrai! Étourdi que je suis! Voilà donc dix-neuf personnes! Où pourrons-nous loger tant de monde?

L'AÏEUL. Eh! mon ami, la mort peut nous visiter et faire assez de vides parmi nous. Je conviens pourtant que, si les enfants, les petits-enfants, les arrière-petits-enfants, et toute la suite des générations, voulaient ne former qu'un ménage, il n'y aurait point de maisons assez vastes pour les loger; mais ce n'est pas ainsi que les choses se passent : remarquez même qu'en ce moment, pour former votre communauté, vous avez appelé des membres d'autres familles.

FRANÇOIS. C'est vrai. Nos femmes et son mari. Je ne n'y songeais pas. Est-ce que leurs parents consentiront à se séparer d'eux?

L'AÏEUL. Dieu le veut ainsi ; il a dit : *L'homme quittera son père et sa mère, et s'attachera à sa femme.*

LOUISE, *tristement*. Ainsi, mes pauvres amis, quand nous serons grands il faudra nous séparer.

L'AÏEUL. C'est probable. Cependant nous voyons quelquefois des frères et des sœurs qui élèvent leurs enfants en commun, et qui ne font qu'un ménage.

JULES. Nos voisins Brandier, par exemple! Il n'y a point de famille plus unie, et ces cousins s'aiment comme des frères.

L'AÏEUL. Malheureusement les circonstances ne permettent pas souvent cette association de plusieurs familles ; mais on peut rester voisins, surtout dans nos campagnes; on se voit tous les jours, on s'entr'aide : aujourd'hui nous moissonnons votre champ, demain vous moissonnerez le nôtre.

JULES. Ainsi l'on peut toujours se prêter la main, et chacun reste libre chez soi.

LOUISE. Et je crois que c'est mieux ainsi. Il est peut-être difficile que tant de gens ne se gênent pas les uns les autres, et s'entendent toujours bien. Oui, toutes réflexions faites, j'aime mieux un petit ménage fait comme le nôtre, et je ne souhaite rien de plus. Il n'y a de place dans un nid que pour les parents et la couvée.

L'AÏEUL. Cependant certaines gens disent que le mieux serait de prendre aux parents leurs enfants dès la naissance et de les élever tous en commun.

FRANÇOIS. Prendre un enfant à père et à mère!

LOUISE. Quelle horreur!

JULES. Et comment les enfants connaîtraient-ils leurs parents, et les parents leurs enfants?

L'AÏEUL. Ils ne se connaîtraient pas les uns les autres, et ces prétendus réformateurs de la société y voient de grands avantages. Chaque mère, disent-ils, sachant que ses enfants sont dans cette multitude, aimerait toute la troupe également.

LOUISE. Mais l'aimerait-elle autant, par exemple, que notre mère nous aime? Et moi donc, je ne connaîtrais pas ma mère, je ne pourrais pas l'embrasser ni m'asseoir sur ses genoux; je verrais toutes ces femmes réunies, et je serais obligée de chercher toujours, pour savoir laquelle serait maman!

JULES. Pauvre petite! tu n'y penserais seulement pas, tu serais comme ces malheureux orphelins que j'ai visités à la ville, et dont je vous ai entretenus l'autre jour.

FRANÇOIS. C'est cela même, les enfants trouvés! Ils ne connaissent ni père ni mère.

LOUISE. Parce que leurs méchants parents les ont abandonnés. Et l'on voudrait que tout le monde les imitât? Allez, allez, ni papa ni maman n'aurait jamais consenti à se séparer de nous.

L'AÏEUL. Ma chère Louise, il y a quelques jours notre jeune voisin Marbel, qui est tombé au sort, a dû quitter le village; crois-tu que si sa mère avait pu le retenir, elle ne l'aurait pas fait?

LOUISE. Ah! sans doute. Elle pleurait bien fort, la pauvre femme.

L'AÏEUL. L'autorité peut donc quelquefois séparer les enfants de leurs mères?

JULES. Oui, sans doute, grand-papa; mais pour que ce soit juste et bon, il faut que ce soit nécessaire, or il est nécessaire que nous ayons toujours une belle et forte armée. Si l'on attaque la France, ne faut-il pas que ses fils la défendent? Et nos vieux parents, qui nous ont élevés, et nos jeunes frères, qu'ils élèvent encore, et nos mères et nos sœurs, n'est-ce pas à nous de les protéger? Mais il n'est pas du tout nécessaire de prendre un nouveau-né à ses parents et de leur dire : « Nous nous chargeons de lui; » car ils pourront nous répondre : « Qui fera mieux que nous ce que nous faisons avec tant de plaisir? Laissez-nous élever nous-mêmes nos enfants; nous leur apprendrons mieux que personne leurs devoirs envers la France. Dieu nous a confié ces faibles créatures : ce n'est pas pour que les hommes nous les prennent, tant qu'elles ont besoin de nous. »

FRANÇOIS. C'est bien cela qui serait déchirant pour les pauvres mères! Je vais me faire moquer de moi peut-être, mais...

L'AÏEUL. Parle, mon ami.

FRANÇOIS. Sans comparaison, c'est comme notre pauvre Barbette. Quand on est venu l'autre jour à l'étable pour lui prendre son chevreau, elle a fait des bêlements si tristes que cela me fendait le cœur.

LOUISE. Il faut dire que c'était pour le tuer.

FRANÇOIS. Eh! le savait-elle?

LOUISE. Tu as raison! Qu'est-ce que je disais? Barbette n'aurait pas crié moins fort, quand on aurait seulement mené son petit au pâturage.

L'AÏEUL. Eh bien, François, où veux-tu en venir avec ta comparaison?

FRANÇOIS. Je veux dire que si les bêtes, qui ne sont pas des créatures raisonnables, aiment tant leurs petits, les hommes, qui ne sont pas des bêtes, et qui pourtant... et qu'on voudrait... enfin vous m'entendez bien!

L'AÏEUL. C'est dommage que tu t'arrêtes en si beau chemin, car ce que tu veux dire est fort sage. Il ne faut pas sans doute comparer l'homme aux animaux en toutes choses. L'Auteur de la nature nous a distingués d'une manière bien avantageuse, en nous donnant l'intelligence pour le connaître, lui et ses ouvrages, et pour nous connaître nous-mêmes; mais nous retrouvons chez les animaux plusieurs de nos facultés les plus belles et de nos plus doux penchants; la nature leur a donné souvent le courage, la fidélité, le dévouement, et, par exemple, ils ressentent, comme la race humaine, l'amour maternel. Or nous voyons que la femelle, guidée par ce sentiment, qui est chez elle un instinct, c'est-à-dire une force naturelle et insurmontable, s'attache à ses petits aussi longtemps qu'ils ont besoin d'elle; dans beaucoup d'espèces, le père et la mère s'unissent même et s'entendent pour les nourrir, et ne les quittent pas avant de les avoir élevés. Eh bien, ce spectacle est mis sans doute sous nos yeux par la nature comme un exemple à suivre, et pour avertir les parents qu'ils doivent nourrir, élever et soigner leurs enfants, comme les animaux nourrissent, élèvent et soignent leurs petits, qui ont les mêmes besoins.

JULES. Peut-être ces gens dont vous parlez souffriraient-ils que la mère nourrît elle-même ses enfants?

L'AÏEUL. Ce serait déjà quelque chose; mais cela même l'attacherait plus vivement à la pauvre petite créature, et le moment serait mal choisi pour la séparer du nourrisson après son premier sourire et sa première caresse, lorsque l'enfant commencerait peut-être à bégayer le nom des auteurs de ses jours. Les oiseaux ne quittent pas leur couvée avant qu'elle puisse prendre l'essor : si nous devons être séparés de nos enfants, il faut du moins attendre que nous leur ayons appris à voler de leurs propres ailes.

FRANÇOIS. Il me vient une idée, c'est que ces gens qui voudraient qu'on nous élevât tous pêle-mêle ont été sans doute élevés eux-mêmes ainsi. Il n'y a qu'un enfant trouvé qui puisse imaginer ces choses-là.

JULES. Quelle erreur, François! Une fois que ces pauvres enfants peuvent juger leur état, ils se trouvent trop malheureux de ne pas connaître leurs parents pour souhaiter à d'autres la même affliction.

LOUISE. Ah! qu'ils doivent avoir de peine à ne pas maudire les parents qui les abandonnèrent!

L'AÏEUL. Et les parents peuvent-ils avoir un moment de repos, après qu'ils ont ainsi manqué aux premières lois de la nature? Il y avait une fois...

FRANÇOIS. Bon, bon, voici une histoire! C'est toujours ainsi qu'elles commencent.

LE BON EXEMPLE.

L'AÏEUL. Le cantonnier Guillaume avait six enfants, dont l'aîné n'avait pas encore huit ans accomplis. Cet homme était pauvre; il habitait auprès de la grand'route une chétive cabane. Il s'aidait de quelques petites industries pour faire vivre sa famille ; il avait entre autres une excellente espèce de chiens de garde, et il en élevait des petits. Ce commerce ne laissait pas de lui rapporter quelque argent. Un jour, sa femme Fanchette étant accouchée d'un septième enfant, il lui dit, en voyant la pauvre petite créature : « Nous avons déjà beaucoup de peine à nourrir les autres, que ferons-nous de celui-ci? Femme, exposons-le sur la route ; un passant charitable le recueillera, et sans doute ce sera le bonheur de l'enfant, car il ne peut être ailleurs aussi misérable que chez nous. » Qu'il raisonnait mal, ce malheureux Guillaume, et qu'il avait le cœur endurci! N'est-il pas vrai, mes enfants? Ce qui m'étonne encore plus, c'est que la femme se soit laissé persuader. La misère égarait ces pauvres gens. Enfin, moitié de gré, moitié de force, Fanchette laissa son mari emporter l'enfant; il s'en alla, un peu avant le jour, le déposer à une demi-lieue de là, sur le bord de la route, dans une petite corbeille. Après quoi il revint, si honteux et si troublé, qu'il ne prenait garde à rien autour de lui.

Quand il rentra dans sa cabane le jour commençait à luire; il vit sa femme en pleurs; il entendit ses enfants, qui ne savaient rien, l'appeler « Cher papa! » Cela lui fendit le cœur. « Il m'aurait appelé ainsi, » se disait-il à lui-même. Pour sa femme, elle ne prononçait pas une parole, parce qu'elle étouffait de douleur.

A ce moment Guillaume eut besoin, pour allumer le feu, de déplacer un panier dans lequel se trouvaient les petits d'une chienne qui avait mis bas huit jours auparavant. Quand la pauvre mère vit son maître enlever sa corbeille, elle crut qu'il voulait lui prendre ses petits; alors elle se jeta sur lui et le mordit jusqu'au sang. « Maudite bête! » s'écria Guillaume. — « Elle, maudite? non, c'est moi qui le suis, dit la femme, pour avoir laissé... » Fanchette s'interrompit, à cause de ses enfants. « Cette chienne m'apprend mon devoir, poursuivit la malheureuse femme; je suis plus méprisable qu'elle, et ne me consolerai jamais de ce que nous avons fait. »

Après ces paroles Fanchette entra dans un désespoir si grand que Guillaume, saisi lui-même de repentir, courut à l'endroit où il avait exposé son enfant. Comme il approchait, il entendit des cris affreux; c'était son chien, son Fidèle, qui défendait la corbeille contre des vagabonds, de misérables bohémiens. Guillaume arriva trop tard pour le chien, qui venait de recevoir le coup mortel. « Ah! pauvre Fidèle! s'écria-t-il en accourant, tu es puni de mon crime! » Cette exclamation, qui fit reconnaître le père, éloigna les vagabonds : Guillaume retrouva son enfant; Fidèle lécha les mains de son maître et mourut sur la place. Le cantonnier l'enterra dans son jardin, et planta sur la place un lilas. Quinze ans après, au mois d'avril, l'arbre était en fleurs, et Guillaume assis dessous avec son enfant, lorsque, pour la première fois, il lui conta cette histoire. « Je ne voulais pas mourir, mon cher Louis, dit-il en finissant, sans t'avoir fait ce pénible aveu. J'ose espérer que Dieu m'a pardonné; car, depuis que ce lilas fleurit à cette place, nos affaires ont prospéré; mais le pardon du ciel ne me suffisait pas; j'avais besoin du tien !... Comme il achevait ces paroles, l'enfant tombait à genoux, remerciait Dieu et embrassait son père.

LOUISE. Ah! que la veillée m'a paru courte!

FRANÇOIS. Je voudrais que ce fût à recommencer!

L'AÏEUL. Nous pourrons du moins continuer, si cela vous plaît. (*Les enfants expriment leur reconnaissance par des caresses; ils embrassent le vieillard et se retirent.*)

DEUXIÈME ENTRETIEN.

Autorité des Parents.

LOUISE. Je trouvais fort de mon goût la purée de lentilles que maman nous a servie ce soir, et, si elle me l'avait permis, j'en aurais mangé davantage.

L'AÏEUL. Tu t'es soumise cependant.

FRANÇOIS, *riant*. Avec un peu de peine?

L'AÏEUL. Comme on fait plus volontiers les choses dont on sait la raison, dis-nous, Louise, pourquoi tu n'as pas demandé plus longtemps ce que ta mère te refusait?

LOUISE. J'ai vu que je lui ferais de la peine.

L'AÏEUL. J'aime à te voir conduite par ce bon sentiment.

LOUISE. Et puis elle m'assurait que j'avais assez mangé.

L'AÏEUL. Le sait-elle mieux que toi?

LOUISE. Il faut bien le croire, puisqu'il m'est arrivé d'être malade pour avoir mangé malgré sa défense.

L'AÏEUL. Comment se peut-il faire qu'elle juge mieux que toi de ce que ton estomac peut supporter?

LOUISE. D'abord, je dois l'avouer, ce n'est pas toujours mon estomac qui désire plus de nourriture, c'est ma bouche.

L'AÏEUL. Allons, tu sais du moins te juger franchement : c'est un bon signe.

LOUISE. D'ailleurs ma mère a plus d'expérience que moi.

L'AÏEUL. Il y a quelques jours, nous te laissâmes dîner chez notre voisine Fanchette : elle est du même âge que ta mère; elle a donc autant d'expérience, et pourtant elle te laissa manger avec si peu de mesure que tu revins malade à la maison.

LOUISE. Je crois bien! Pendant tout le repas la voisine eut les yeux fixés sur sa fille cadette, sorte qu'elle ne fit aucune attention à ma nduite.

L'AÏEUL. D'où vient qu'elle observait sa fille plutôt que toi ?

LOUISE. C'est... c'est qu'elle est sa fille !

FRANÇOIS. La belle réponse ! C'est qu'elle l'aime plus que toi, Louise !

LOUISE. Voilà justement ce que je voulais dire.

L'AÏEUL. Ainsi, pour que nous puissions nous fier aux conseils d'une personne et nous laisser guider par elle, il ne suffit pas qu'elle ait plus d'expérience ; il faut encore qu'elle nous aime beaucoup.

JULES. Et, comme nos parents sont toujours plus éclairés que nous, comme ils nous aiment pour le moins autant que nous pouvons nous aimer, le plus sûr est de nous laisser conduire par leurs avis.

LOUISE. Eh bien ! c'est résolu ! chaque fois que j'aurai quelque chose à faire, j'irai consulter maman ; je lui dirai : « Dois-je faire comme ceci ou comme cela ? » Et je me laisserai guider par elle, comme un enfant qu'on mène à la lisière.

L'AÏEUL. Prends-y garde ! Tu pourrais bien tomber d'un excès dans un autre. On mène à la lisière le petit enfant ; mais pourquoi prend-on cette peine ?

LOUISE. Pour qu'il apprenne à marcher tout seul !

L'AÏEUL. Et lorsqu'une fois l'enfant sait faire quelques pas sans tomber?

LOUISE. Alors on le prend seulement par la main, puis on le soutient toujours moins, toujours moins, jusqu'à ce qu'il n'ait plus besoin de secours.

L'AÏEUL. Et si cet enfant déjà fort demandait qu'on le soutînt toujours avec des lisières?

FRANÇOIS. On lui dirait : « Marche, mon ami! nous t'avons aidé assez longtemps. » Oh! je vous comprends, grand-papa ; ces lisières ce sont les bons avis de nos parents ; quand nous sommes tout petits, nous en avons continuellement besoin ; mais, à mesure que nous grandissons, on veut que nous essayions d'agir par nous-mêmes, en consultant notre petit bon sens et notre faible raison.

JULES. Car ce n'est pas pour nous tenir dans un assujettissement continuel que nos parents nous font d'abord obéir, c'est pour nous donner de bonnes habitudes et nous enseigner à vivre un jour indépendants, sans faire un mauvais usage de notre liberté.

L'AÏEUL. Eh bien, Louise, ces réflexions t'ont-elles appris quelque chose?

LOUISE. Je vois que mon devoir est de marcher par mes propres forces, autant que je pourrai; c'est seulement quand je craindrai de broncher ou de tomber que je demanderai la main de mes parents.

JULES. Nous sommes bien heureux qu'ils

veuillent nous la donner et soutenir notre faiblesse; mais, si nous n'étions pas assez raisonnables pour reconnaître l'utilité de leurs secours; si je voulais réclamer, et me soustraire à la puissance de mon père, comment me prouverait-il qu'il a le droit de me faire obéir?

FRANÇOIS, *riant*. Comment? c'est bien simple, mon ami! Avec un bon bâton! Notre père est le plus fort: c'est à lui de commander, à nous d'obéir.

L'AÏEUL. François, ton frère ne doit-il l'obéissance qu'à son père?

FRANÇOIS. Il vous la doit aussi, grand-papa, et à notre grand'maman, et à notre mère.

L'AÏEUL. Et lequel crois-tu plus fort de ta grand'mère, de ta mère, de Jules ou de moi?

FRANÇOIS. C'est Jules, certainement! un gaillard qui porte trois fagots à la fois, et qui peut battre en grange du matin au soir! Je vois bien que le bâton n'est pas la bonne raison.

L'AÏEUL. Nous ne vous avons jamais battus, et vous nous avez bien rarement désobéi.

LOUISE. La loi de Dieu ne dit-elle pas: *Honorez votre père et votre mère.*

L'AÏEUL. Bien, Louise! Et ceux que nous honorons, nous les écoutons avec confiance, nous sommes disposés à les croire, nous leur obéissons; mais il y a beaucoup de peuples qui n'ont jamais eu connaissance de l'Écriture sainte; et cependant on trouve partout l'autorité paternelle établie et respectée.

FRANÇOIS. C'est qu'elle est nécessaire, dirais-je à mon ami Jules, si c'était à moi de l'instruire. Dans une maison il faut toujours qu'il y ait une personne qui commande et que les autres obéissent, autrement tout irait mal, et ce serait comme un attelage sans cocher. Tenez! je me souviens d'une histoire...

L'AÏEUL. Dis-nous ton histoire, mon ami.

FRANÇOIS. Elle n'est pas de moi; sans cela je n'oserais pas la dire; elle est de M. Guérard notre cher instituteur.

LOUISE. Il en sait de bien jolies!

FRANÇOIS. Il y avait un monsieur... Je ne sais plus son nom... Il demeurait... J'ai oublié l'endroit.

JULES. Et quand vivait-il?

FRANÇOIS. M. Guérard ne l'a pas dit.

JULES. Nous voilà bien informés!

FRANÇOIS. Cela n'y fait rien, comme tu verras.

CHACUN SON MAÎTRE.

Ce monsieur avait beaucoup d'enfants, plusieurs garçons et plusieurs filles. Il était fort à son aise, et il habitait en été une jolie maison de campagne où rien ne manquait; on y voyait jardins, vignes, vergers, étables, basse-cour bien garnie, enfin tout ce qu'on peut désirer. Ce monsieur était fort bon, et il élevait de son mieux ses enfants; mais il fut obligé d'envoyer quelques-uns de ses fils hors de la maison paternelle, et quand ils y revenaient pendant la belle saison, pour y passer quelques jours, ils faisaient les raisonneurs, parce qu'ils avaient vu le monde et entendu des discours de toute sorte. Un jour l'un d'eux fit à son père une question toute pareille à celle de Jules... Ne te fâche pas, mon ami, c'est là ton seul rapport avec ce petit homme, ainsi que tu vas voir.

JULES. Conte seulement ton histoire, mon ami ; si elle est bonne, j'en ferai mon profit, je t'assure.

FRANÇOIS. Si elle est bonne ! Je t'en fais juge toi-même. Ce bon père, à qui l'on demandait s'il était juste qu'on lui obéît, et pourquoi il était le maître, ne fit que sourire, et répondit avec douceur : J'ai cru jusqu'ici, mes enfants, qu'il en devait être ainsi ; mon père obéissait au sien, j'ai été soumis à mon père ; j'attendais de vous la soumission que vous deviez, selon moi, attendre un jour de vos enfants. Peut-être nous sommes-nous trompés de génération en génération ; cette vieille coutume n'est peut-être qu'un vieil abus : essayons de la changer ! Nous voilà tous réunis, père, mère, frères et sœurs ; je renonce pour le moment à mon autorité, et je prie votre mère de renoncer à la sienne ; agissons comme si nous étions tous parfaitement égaux. Je ne sais si cela pourra durer, mais je déclare d'avance que je ne reprendrai pas l'exercice de ma puissance paternelle avant que vous me l'ayez tous demandé ! La mère, qui devina l'intention secrète de son mari, renonça comme lui à ses droits, et dès ce moment chacun fut son maître dans la maison.

Les enfants se trouvèrent d'abord si surpris de cette révolution qu'ils ne savaient quel usage faire de leur liberté; ils n'osaient pas encore s'abandonner à leurs caprices, mais cet embarras ne dura pas longtemps: les plus hardis donnèrent l'exemple aux autres, et bientôt ce fut à qui montrerait le plus d'assurance. Les parents semblaient ne rien voir, ils témoignaient par une tranquillité parfaite qu'ils étaient résolus à tout souffrir.

En peu de jours on vit de belles choses! Le jardin, le verger furent mis au pillage; les meubles, les habits gâtés et déchirés; on ne reconnaissait presque plus cette jolie campagne jusque-là si bien soignée; c'était un vacarme continuel, et l'on passait d'une dispute à l'autre, sans parler des violences que plusieurs frères se permirent, et des indispositions qui furent la suite de la fatigue et de l'intempérance. La mère s'effrayait et n'y tenait déjà plus; mais le père, qui avait observé chez les plus emportés des traces de repentir, obtint de sa femme encore un peu de patience. Deux jours de plus y suffirent; les enfants revinrent, comme par enchantement, de leur folie, et se voyant. les uns malades, les autres excédés, tous mécontents d'eux-mêmes au plus haut point, ils coururent, les larmes aux yeux, se jeter dans les bras de leur père, en le priant de revenir au vieil usage et de reprendre son autorité. On répara le dommage, on traita ceux qui avaient besoin de remèdes et de repos; au bout de quelques jours, il ne resta plus de traces de ces désordres que dans le souvenir des parents et des enfants.

JULES. Vraiment, mon petit François, je suis charmé d'avoir adressé à notre grand-papa la question qui t'a engagé à nous conter cette curieuse histoire.

L'AÏEUL. Elle nous fait bien reconnaître qu'il faut un chef dans chaque ménage, et c'est une des raisons qui expliquent et légitiment l'autorité paternelle. Voilà donc la famille qui se présente à nous comme un petit État, avec son gouvernement, c'est-à-dire son roi, ou du moins son président.

JULES. Mais le président, Dieu l'a nommé à vie sans doute! A ce compte, grand-papa, c'est vous qui êtes le chef; nos parents vous sont subordonnés aussi bien que nous!

L'AÏEUL. Et ils ne font rien, je t'assure, contre ma volonté. Il est vrai qu'ils ne me consultent pas toujours; mais ils auraient tort de le faire. Il y a longtemps qu'ils ne marchent plus à la lisière. Si je voulais encore gouverner toute la maison, mes forces n'y suffiraient plus. Il est permis aux rois et aux présidents de se faire suppléer, de se reposer un peu sur leurs ministres. Ainsi je suis toujours le chef de la famille, et vos parents me le prouvent sans cesse par les égards qu'ils me témoignent; mais, dans l'intérêt du bon gouvernement, je leur ai peu à peu remis la plus grande part de l'autorité.

LOUISE. Alors, grand-papa, d'où vient que c'est vous, et non grand'maman, qu'on appelle le chef de la famille? Il me semble qu'une maman et une grand'maman...

L'AÏEUL. (*Il sourit.*) Louise nous fait une question délicate et difficile. Le mieux sera de renvoyer la réponse à demain. J'entends sonner neuf heures; le lit nous appelle : bonsoir, mes enfants.

FRANÇOIS. Il faut bien vous obéir! (*Les enfants embrassent le vieillard.*)

TROISIÈME ENTRETIEN.

Des droits de la Femme.

L'AÏEUL. Te voici la première, Louise, et tu as soupé ce soir plus légèrement que de coutume!

LOUISE. C'est que je suis pressée de vous entendre, grand-papa.

L'AÏEUL. Et peut-être de disputer contre nous! Je te vois prête à soutenir de toutes tes forces l'autorité des femmes.

LOUISE. Il faut bien tâcher de se défendre.

François ne cesse pas de répéter que les hommes sont les plus forts, et que c'est à eux de commander.

FRANÇOIS. (*Il accourt.*) Grand-papa, nous n'aurons pas besoin de raisonner longtemps pour décider à qui appartient la première autorité dans le ménage.

L'AÏEUL. Pourquoi donc?

FRANÇOIS. Parce que la chose est réglée par l'Écriture sainte. J'ai lu aujourd'hui dans le catéchisme : « *Que les femmes soient soumises à leur mari comme au Seigneur.* »

LOUISE, *vivement*. Voici notre mère! Elle vous a entendu, petit homme : laissez faire! c'est elle-même qui vous répondra.

LA MÈRE. Le grand-papa me permet-il de prendre part à la conversation? Louise m'en a dit le sujet, et je viens d'entendre François qui nous ordonne la soumission, en vertu de la parole de Dieu.

LOUISE. Oui, maman! Qu'avons-nous à répondre, je vous prie?

LA MÈRE. Rien, mon enfant. Dieu a parlé, et nous devons obéir; plus tard, tu comprendras mieux qu'il en doit être ainsi, et même tu béniras la Providence de ce qui te semble à présent une chose fâcheuse et humiliante; mais tu reconnaîtras facilement, toute jeune que tu es, qu'un père et une mère ont souvent des décisions importantes à prendre dans l'intérêt de la famille; qu'ils doivent en raisonner ensemble, et que, s'ils se trouvent d'avis contraire, il faut bien que la volonté de l'un soit la plus forte; et, comme c'est le père qui est chargé principalement d'entretenir la famille, comme il en est le premier soutien, le plus ferme défenseur, il est juste et naturel de lui laisser la principale autorité.

Tu verras aussi, mon enfant, que si Dieu nous a très-bien partagées pour ce qu'il attend de nous, cependant les hommes ont d'ordinaire non-seulement la main, mais aussi la tête plus forte; ils ont plus de temps que nous pour s'instruire, parce que notre premier âge est plus tôt passé, et qu'on nous traite bien plus vite en personnes raisonnables; aussi sommes-nous mariées ordinairement beaucoup plus jeunes que les hommes, en sorte que, par la seule raison de l'âge, une femme doit, le plus souvent, regarder son mari comme son supérieur.

Tout le monde juge cela si convenable, qu'une femme s'honore en se montrant soumise à son mari comme au Seigneur, tandis qu'on trouverait singulier, et même ridicule, qu'un mari se soumît habituellement aux volontés de sa femme.

LOUISE. Me voilà résignée! Puisque ma mère accepte la seconde place, je n'ai pas le droit de prétendre à la première. Mais comment se fait-il, puisque mon père est le maître, qu'il vous laisse gouverner tant de choses à votre fantaisie, en sorte que, bien souvent, c'est plutôt lui qui paraît obéir?

LA MÈRE. Parce qu'il a confiance en moi, parce qu'il sait que je connais certaines choses mieux que lui, et qu'il y a des travaux auxquels les femmes conviennent mieux que les hommes; c'est là mon emploi, c'est ma part d'autorité, et je t'assure, mon enfant, que je la trouve bien assez grande.

LOUISE. Ah! nous avons donc aussi notre part d'autorité! Tu l'entends, François!

FRANÇOIS. Eh! l'on sait bien que c'est aux femmes de racommoder les habits et de filer le chanvre pour nous faire des chemises!

L'AÏEUL. François, mon ami, il t'est permis de badiner sur ce sujet avec Louise, mais n'oublie pas que ces railleries s'adressent aussi à ta mère, à celle qui t'a donné la vie, qui t'a nourri de son lait, qui t'a prodigué, pendant ta première enfance, mille soins pénibles, enfin qui t'a soigné dans les maladies...

FRANÇOIS, *se jetant au cou de sa mère.* Et qui m'a guéri, mieux que les médecins, de celle qui a manqué de m'emporter, il y a six mois!

L'AÏEUL. Ta mère a fait valoir nos droits, mais elle n'a pas voulu nous rappeler ceux des femmes. Sans doute la femme doit être soumise à son mari, le suivre où il juge convenable de s'établir, l'aider dans ses travaux et ses entreprises, autant qu'elle en est capable; mais le mari n'oubliera pas, de son côté, qu'il doit la protéger, l'entretenir, la considérer; il se rappellera qu'elle est son égale devant Dieu, sa compagne et non sa servante; qu'elle est la maîtresse dans les occupations de son sexe, comme il est le maître dans celles qui regardent les hommes. Un mari qui est raisonnable et qui entend ses intérêts laisse généralement sa femme gouverner l'intérieur pendant qu'il règle les affaires du dehors. Chargé de la décision dans les choses importantes, il admettra du moins sa femme au conseil, et profitera de ses lumières. Mais je réfléchis que j'ai, comme François, ma petite histoire à vous conter; elle vient assez à propos, puisque nous parlons de la conduite des maris à l'égard de leurs femmes.

LE BON MÉNAGE.

Il n'y a pas longtemps que plusieurs campagnards dînaient ensemble, et comme c'était un jour de fête, ils étaient en humeur de rire. On s'égaya un peu sur le chapitre des femmes, suivant une coutume assez ordinaire, et que je ne saurais approuver, parce qu'elle habitue à l'exagération, quelquefois même à une certaine grossièreté. Chacun disait à son tour quelque malice, et quoique ces hommes fussent tous mariés, ils avaient tous quelque plainte à faire sur le mariage, comme s'il eût été pour l'un une cause de ruine, pour l'autre une source d'embarras. Au bout de quelques moments un des convives, le

seul qui n'eût rien dit jusque-là, demanda à celui qui avait fait les plaintes les plus vives, s'il savait faire respecter chez lui son autorité, et si sa femme osait manquer à la soumission qu'elle lui devait? « Manquer à la soumission! s'écria le mari, je ne le permettrais pas. Ne suis-je pas le maître? Sachez qu'il ne se fait rien chez moi que par ma volonté. — Alors, lui dit l'homme sage, de quoi vous plaignez-vous donc, et comment votre femme a-t-elle pu vous ruiner, puisque sa volonté ne dispose de rien? Ayant tout fait jusqu'ici, ne la rendez pas responsable de vos folies. » Ces réflexions divertirent un moment la société aux dépens du mari, et quelqu'un dit à celui qui avait si bien parlé : « Mais vous, notre cher voisin, vous n'avez rien dit sur les femmes; vous n'avez fait aucune plainte sur la vôtre : ne romprez-vous pas à votre tour le silence? Vous êtes le plus riche d'entre nous, le moins soucieux, et vous paraissez le plus jeune, bien que vous ayez ici des cadets; aucun de nous n'est aussi heureux que vous, et vous pourriez bien, par conséquent, être aussi le plus sage : faites-nous connaître vos sentiments sur un sujet qui nous touche de si près, et qui a tant d'influence sur le bonheur. » Le campagnard répondit : « Oui, je suis heureux, et j'ai peu de soucis, parce que nous sommes deux à la maison pour nous en partager le fardeau; le contentement d'esprit entretient la bonne santé, et, quand on se porte bien, on ne vieillit pas sitôt; je suis riche en effet, puisque ma famille et moi nous avons quelque chose de plus que le nécessaire ; et savez-vous, mes amis, pourquoi je n'ai jamais fait de pertes graves, jamais conclu de marchés ruineux? Parce que je n'ai jamais risqué une valeur considérable sans avoir consulté ma femme auparavant. Deux conseils valent mieux qu'un; sans compter qu'en faisant mon rapport à ma bonne conseillère, je gagnais du temps pour la réflexion. Je me suis toujours bien trouvé de l'avoir consultée. Vous voyez donc que, même dans la gaieté d'un repas, j'aurais tort de critiquer celle qui m'a rendu tant de services. Mes amis, écoutons mieux nos femmes, et nous nous plaindrons moins du mariage. »

On convint que le bon mari avait raison. Ce qu'il avait dit ne fut pas inutile aux autres convives et au bonheur de leurs ménages.

LOUISE. Je connais quelqu'un, mon grand-papa, qui n'aurait pas eu besoin des conseils de votre homme.

FRANÇOIS. C'est notre père !

JULES. Et si c'était lui-même qui eût ainsi parlé ? Je vois sourire notre grand-papa : j'ai deviné certainement ! C'est l'histoire de notre père que nous venons d'entendre.

LOUISE. Ah ! qu'il a raison de consulter notre mère !

L'AÏEUL. Si quelque chose peut nous convaincre qu'il importe aux hommes de donner aux femmes une grande part de l'autorité, et de les égaler à eux en quelque sorte, c'est l'etat misérable des peuples chez lesquels les femmes sont tenues dans un barbare assujettissement. Ces peuples sont les moins éclairés, les moins heureux et les moins dignes de servir de modèles. Plus la civilisation se perfectionne, plus l'égalité entre les deux sexes tend à s'établir. Autrefois, et, par exemple, avant la venue du Messie, le père de famille avait une autorité beaucoup plus grande.

FRANÇOIS. Nous le voyons assez dans l'histoire des patriarches; il leur était même permis de prendre plusieurs femmes.

L'AÏEUL. La loi chrétienne a condamné et fait disparaître cette coutume. Sous cette loi, la femme prend définitivement la place que Dieu lui réservait. Plus le christianisme fleurira, plus la femme sera respectée, et plus, en conséquence, les hommes seront justes, sages et heureux.

LOUISE. Qu'ils viennent seulement prendre exemple chez nous! Tout y va, je le trouve, le mieux du monde, et je ne crois pas que le plus habile y pût voir quelque chose à changer!

JULES. J'entends dire qu'il y a pourtant des femmes qui ne seraient pas trop contentes d'avoir le sort de notre mère, et il m'est tombé dans les mains des livres et des journaux où l'on écrit de singulières choses sur les droits de la femme. Quelques-unes se plaignent que leur sexe est mal partagé, que les hommes ont abusé de leur force, pour s'emparer des principaux avantages de la société. Je crois, en vérité, que ces dames voudraient exercer les magistratures, prendre part aux affaires politiques, voter, délibérer dans les conseils...

FRANÇOIS. Ne voudraient-elles pas aussi porter l'uniforme et aller à la guerre? Il ne manquerait plus que cela!

LA MÈRE. Mes amis, les dames qui font ces plaintes ne trouveront pas beaucoup de femmes disposées à soutenir leurs folles réclamations. Une mère de famille qui veut remplir tous ses devoirs n'a pas le temps de rêver à toutes ces niaiseries. Renfermée dans son intérieur, aux soins duquel tous ses moments sont nécessaires, comment pourrait-elle songer à sortir de chez elle pour aller sur la place publique ou dans les salles de nos conseils? Pendant qu'elle s'occuperait des affaires de l'État, que deviendraient les siennes? Que feraient ses domestiques et ses enfants? Nos forces, notre constitution, notre caractère, tout, jusqu'à notre voix, est mesuré pour les devoirs que la Providence nous réserve. Nous sommes faites pour la vie intérieure; c'est nous tromper et nous séduire que de nous appeler au milieu du monde, où nous perdrions la modestie de notre sexe. Il ferait beau voir une femme plaider en robe d'avocat ou rendre des arrêts, sur le siége des magistrats, ou seulement porter son bulletin dans l'urne électorale et voter peut-être autrement que son mari! Je me croirai assez utile à mon pays si j'élève mes fils en leur inspirant les sentiments de bons citoyens et de chrétiens fidèles. Si je remplis avec zèle mon devoir de mère, ils agiront un jour selon mes vues, ils voteront selon mes désirs, ils serviront la France comme je souhaite qu'elle soit servie. Voilà notre part d'influence; c'est, je pense, pour l'avoir dédaignée ou méconnue que ces dames dont vous parlez en réclament une autre, qui ne leur appartient pas, et que je les prie de ne pas demander pour moi.

Mais il se fait tard; en vertu de ma puissance maternelle, je lève la séance.

L'AÏEUL. A demain, mes enfants.

QUATRIÈME ENTRETIEN.

Autorité des Parents.

JULES. J'ai fait des réflexions sur l'autorité des parents, et je trouve qu'il y aurait encore là-dessus beaucoup de choses à dire. Si je ne craignais pas de vous fatiguer...

L'AÏEUL. Parle sans gêne, mon ami! ce n'est pas à moi de trouver trop longs vos discours sur un tel sujet, et si Louise ou François ne réclame pas....

FRANÇOIS. Tout ce qui s'est dit jusqu'à présent

m'a beaucoup intéressé, et je suis très-obligé à notre ami Jules de nous avoir proposé ce passe-temps plutôt que la main chaude.

LOUISE. Chacun dit son petit mot, jusqu'à moi qui ose m'en mêler. Il y a bien, de temps en temps, des choses qui me paraissent plus difficiles à comprendre, mais la conversation est pour tout le monde, et j'y trouve ma bonne part.

JULES. Nous avons reconnu, mon cher grand-papa, qu'il faut un chef dans la famille, comme il en faut un dans toute communauté; mais la raison de la nécessité et du bon ordre est-elle la seule, quand il s'agit de la famille?

L'AÏEUL. Je vois que tu as réfléchi sur ce sujet, et je désire t'entendre toi-même.

JULES. Nos parents me semblent avoir d'autres droits pour être obéis; leur qualité même nous soumet à leur puissance. Dieu leur a *donné* les enfants qu'il leur envoie, tout comme il leur *donne* les fruits qu'il fait naître et mûrir dans notre verger.

LOUISE. (*Elle rit.*) Merci! Nos parents auraient donc le droit de nous manger comme des prunes!... Tu veux rire, mon petit Jules, ou plutôt c'est moi qui badine, car je sens bien que tu dis là une chose très raisonnable, et quand ma mère, en me serrant dans ses bras, m'appelle *son petit trésor*, je me garde bien de m'en plaindre, et je me trouve fort heureuse de lui appartenir.

L'AÏEUL. Eh bien, c'est moi qui aurai là-dessus quelque chose à dire. Vous savez que Dieu avait accordé à vos parents un enfant de plus.

LOUISE. Ah! sans doute, une petite Marie, qui avait un an de plus que Jules, et qu'ils ont perdue un an avant ma naissance!

L'AÏEUL. Que dit quelquefois votre pieuse mère, quand elle pense à notre chère Marie?

FRANÇOIS, *à demi-voix*. Elle dit : *L'Éterne l'avait donnée, l'Éternel l'a ôtée : le nom d. l'Éternel soit béni!*

JULES. Ce sont les paroles de Job. Je comprends, grand-papa ; vous voulez nous faire entendre que nous appartenons à Dieu seul, et qu'il ne nous *donne* pas, qu'il nous *prête* à nos parents : mais, puisqu'ils sont dépositaires, ils doivent répondre de ce qu'ils ont reçu ; et comment le pourraient-ils, si nous n'étions pas soumis à leur autorité?

L'AÏEUL. Ce serait, en effet, la chose impossible. Cependant il me reste encore un doute. Je comprends qu'on remette à quelqu'un, en dépôt, une *chose*, et qu'on autorise le dépositaire à la traiter selon sa volonté ; mais une *personne*, une créature libre et intelligente!...

JULES. Oh! vraiment, grand-papa, il n'est pas difficile de vous répondre! J'ai vu notre petite Louise, le premier jour de sa vie, et il ne me serait pas venu à l'esprit de l'appeler une *personne*. Elle commence à le devenir maintenant, mais alors elle n'était ni libre ni intelligente, la pauvre petite ! Elle ne savait que pleurer et crier; elle ne connaissait personne ; elle ne se connaissait pas elle-même ; elle n'avait pas la force de se remuer : ce n'était pas autre chose qu'un fardeau mis sur les bras de nos parents... et un peu sur les miens.

LOUISE. Je me souviens du temps où tu me portais encore, mon ami Jules ! Il n'y a pas longtemps de cela.

L'AÏEUL. Je vois, par ce que Jules vient de nous dire, que les parents ont de grandes obligations à remplir en faveur de leurs enfants ; ils doivent les nourrir et les élever.

JULES. Et, puisqu'ils ont les obligations, il faut qu'ils aient aussi le pouvoir nécessaire pour s'en acquitter. C'est parce que nous ne pouvons nous passer de leur secours que nous devons leur obéir.

L'AÏEUL. Ainsi donc l'enfant doit l'obéissance, tant qu'il ne peut se suffire à lui-même ; mais s'il y parvient une fois, cesse-t-il par là d'être soumis à l'autorité paternelle?

FRANÇOIS. Je sens bien qu'il faut répondre que non, mais dire pourquoi....

L'AÏEUL. Une histoire, s'il vous plaît de l'écouter.

LOUISE. Ah! volontiers; rien ne me plaît tant!

LE FILS RECONNAISSANT.

L'AÏEUL. Un pauvre tisserand avait trois fils, dont le plus jeune avait dix ans, lorsque Dieu lui en donna un quatrième; et ce brave homme, qui se trouvait déjà bien chargé de famille, ne vit pas arriver sans inquiétude ce dernier nourrisson. Comme il ne pouvait faire les frais d'un apprentissage pour aucun de ses enfants, il leur apprit lui-même son métier, mais il le leur enseigna bien, n'épargnant pour cela ni soins ni peine. Quand le fils aîné eut l'âge de dix-huit ans, il dit à son père : « Me voilà en état de gagner ma vie; j'aimerais à voir le pays : laissez-moi partir, je vous prie, et donnez-moi votre bénédiction. » Le père fut affligé de cette demande, mais il n'en laissa rien paraître, et le fils aîné partit bien joyeux. Au bout de deux ans, le second fils, croyant être aussi un bon ouvrier, fit la même demande que l'aîné, et se fonda sur la permission déjà donnée, pour obtenir aussi son congé. Le père eut le cœur serré de voir que le second de ses fils le quittât comme le premier, mais il dit : « Va, mon enfant, et que Dieu t'accompagne ! » Enfin, au bout de deux autres années, le troisième fils dit à son tour : « Je suis aussi bon ouvrier que mes frères, quand ils partirent de chez nous; maintenant nous savons qu'ils gagnent facilement leur vie, et qu'ils ont même déjà quelques épargnes : laissez-moi faire comme eux, mon père, et ne me traitez pas moins favorablement. — Adieu donc! dit le vieillard, qui ne put cette fois retenir ses larmes; sois libre, puisque tu n'as plus besoin de moi. »

Quelques années plus tard, le quatrième fils était devenu aussi un grand garçon et un excellent ouvrier. Son père, qui était bien vieux, lui dit un jour : « Mon ami, je n'ai plus rien à t'apprendre; te voilà passé maître : tu peux me quitter comme tes aînés; va, sois libre aussi; il est juste que je fasse pour toi comme pour tes frères. — Mais, dit l'enfant, si je fais comme eux, vous allez rester seul avec ma vieille mère, et vous n'avez rien pour vivre que vos bras affaiblis! Non, mon père; je ne veux pas être libre à ce prix, et je n'aurai jamais d'autre maître que vous, si vous trouvez votre fils assez bon ouvrier pour l'employer toujours. »

LOUISE. Ah! que j'aime celui-ci!

FRANÇOIS. Le père était bien bon de laisser ainsi partir les autres! Ne lui devaient-ils pas le prix de leur éducation et de leur apprentissage?

JULES. En effet, nous sommes d'abord attachés à nos parents par notre faiblesse et nos besoins, mais nous le sommes ensuite par la reconnaissance, et j'en conclus que, pendant toute sa vie, un bon fils doit être soumis à son père.

L'AÏEUL. Dieu soit loué, chez nous, aînés et cadets pensent de même! Tous connaissent leur devoir et se plairont à le remplir. Eh bien, puisque vous êtes des enfants si dociles, je vous ordonne... de m'embrasser, et je vous souhaite une bonne nuit.

CINQUIÈME ENTRETIEN.

Frères et Sœurs.

FRANÇOIS. Grand-papa, nous avons ce soir, Louise et moi, une question à débattre, et c'est vous qui serez, s'il vous plaît, le juge de notre querelle.

L'AÏEUL. Une querelle! voilà une bien vilaine chose! Je ne croyais pas qu'elle pût entrer chez nous.

LOUISE. Aussi c'est dans le jardin que la chose s'est passée.

L'AÏEUL. Cela ne vaut pas mieux. De quoi s'agit-il?

FRANÇOIS et LOUISE. Grand-papa!...

L'AÏEUL. Plus doucement, et l'un après l'autre. Parle, Louise.

LOUISE. Vous savez, grand-papa, que nous avons raisonné, il y a deux jours, sur l'autorité des hommes et des femmes.

L'AÏEUL. Fort bien, voici une querelle de ménage!

LOUISE. Vous nous avez dit qu'il y a des choses que les hommes font moins bien que les femmes, et qu'ils doivent nous en laisser le soin.

FRANÇOIS. Mais on nous a dit aussi que les affaires du dehors regardent les hommes seuls, et que les femmes ne sont maîtresses qu'à l'intérieur, et, comme Louise vous l'a dit, nous étions au jardin.

L'AÏEUL. Au fait!

LOUISE. Nous avions porté au jardin la cage qui renferme la petite fauvette que nous élevons ensemble. C'est notre enfant; elle commence à voleter : et François ne voulait-il pas lui ouvrir la cage?

FRANÇOIS. Fort bien! pour lui faire prendre un peu d'exercice. N'avons-nous pas dit qu'il faut accoutumer peu à peu les enfants à se servir de leur liberté?

L'AÏEUL. Et si la fauvette s'était échappée?

FRANÇOIS. Le pouvait-elle, ayant à peine quelques plumes!

L'AÏEUL. Alors le chat pouvait d'autant mieux l'attraper.

LOUISE. C'est ce que je disais.

L'AÏEUL. Et François a fini par céder, je pense?

LOUISE. Oui, parce que maman est survenue par hasard.

L'AÏEUL. Jules, ne crois-tu pas que nous ferons bien de nous occuper aujourd'hui des devoirs entre frères et sœurs.

JULES. Ce serait très à propos.

L'AÏEUL. Eh bien, dis-nous toi-même à qui tu penses qu'entre frères et sœurs l'autorité doive appartenir.

JULES. L'autorité? Ce mot est bien fort, à ce qu'il me semble; les frères et les sœurs ont plutôt besoin de se prêter secours mutuellement que de se donner des ordres.

L'AÏEUL. Mais n'y a-t-il pas ici quelque chose de pareil à ce que nous avons dit au sujet du père et de la mère? Dans le doute, la sœur ne doit-elle pas céder au frère, comme la femme au mari?

JULES. Je sens bien qu'il faut répondre que non; mais pourquoi?... Attendez!... La femme a consenti d'épouser son mari, et s'est soumise à lui volontairement, tandis que la sœur ne choisit pas ses frères. Elle n'est donc pas obligée à l'obéissance.

LOUISE. Vraiment, mon ami Jules, tu parles avec une sagesse admirable, et je suis bien contente de toi. Va, quand j'aurais pu choisir, je ne t'aurais pas souhaité autrement que te voilà!

L'AÏEUL. Enfin, s'il y a plusieurs enfants, il est nécessaire, dans certaines occasions, que l'un d'eux prenne en main l'autorité; les parents peuvent être éloignés et les circonstances pressantes.

FRANÇOIS. Oh! je vois bien ce qu'il faut dire! c'est l'aîné qui sera le maître.

L'AÏEUL. Oui, mes enfants. En vous faisant naître successivement, et non tous à la fois, comme une couvée de petits oiseaux, la Providence a voulu que l'expérience des premiers servît aux autres; or tout enseignement suppose autorité chez le maître et docilité chez le disciple. D'ailleurs la nature impose à l'aîné certaines obligations : il est juste qu'il obtienne en échange quelques égards. N'as-tu pas dit, Louise, que Jules t'a souvent portée dans ses bras ?

FRANÇOIS. Et moi aussi, il m'a porté, mais il y a bien longtemps !

L'AÏEUL. Il est donc un peu votre père, votre protecteur ?

LOUISE. Aussi l'ai-je appelé longtemps *petit-papa !*

FRANÇOIS. Voilà qui est clair ; Louise et moi nous devons obéir à Jules ; mais Louise doit m'obéir, car je suis son aîné.

L'AÏEUL. De combien d'années ?

FRANÇOIS. De treize mois !

LOUISE. Fort bien ! et maman n'a-t-elle pas dit que les femmes sont bien plus vite des personnes raisonnables ? Cela peut, j'imagine, tenir lieu de ces treize mois dont tu parais si fier.

L'AÏEUL. Quel est le plus fort de vous deux ?

FRANÇOIS. (*Il rit d'un air satisfait.*) Apparemment, ce n'est pas Louise.

L'AÏEUL. Alors, mon ami, à quoi bon disputer contre elle ? Quand elle manquera d'obéissance, prends-moi ce bon bâton dont tu parlais l'autre jour.

FRANÇOIS. Vous vous moquez de moi, grand-papa, et je crois l'avoir mérité. C'est justement parce que je suis le plus fort, parce que je suis un homme, que je devrais à Louise des égards et de la politesse. Oh ! c'est une chose qu'on m'a dite souvent ici et à l'école. Je tâcherai de m'en souvenir.

LOUISE. Et moi je tâcherai de n'en pas abuser. Allons, mon ami François, soyons raisonnables. Je t'avertis que je vais te céder toujours.

FRANÇOIS. Ce sera donc à qui fera la volonté de l'autre.

L'AÏEUL. Combat plus honnête et plus généreux!

JULES. Je ne suis pas jaloux de mon autorité fraternelle, et je la trouve bien assez grande; mais sans doute elle était beaucoup plus considérable dans quelques pays, car je vois, par exemple, que dans l'Écriture sainte on attache une importance extraordinaire au droit d'aînesse.

LOUISE. Et cependant Esaü vendit le sien pour un plat de lentilles!

FRANÇOIS. Mais quels regrets n'en eut-il pas!

JULES. Ce droit procurait-il de grands avantages?

L'AÏEUL. Dans certaines familles la bénédiction de Dieu était plus particulièrement réservée à l'aîné, et, comme signe de la bénédiction divine, il recevait celle de son père. Aujourd'hui cette préférence n'existe plus; Dieu bénit également tous les enfants chrétiens, sans distinction d'aînés et de cadets. Mais il y a des pays où l'aîné reçoit une beaucoup plus grande part de l'héritage paternel.

JULES. Quelle injustice!

L'AÏEUL. Cela se pratique en Angleterre. Ainsi l'aîné se trouve souvent dans l'opulence et les cadets dans la pauvreté.

JULES. Je n'accepterais pas ce partage.

L'AÏEUL. Je vois que tu serais homme à te conduire comme certain frère dont je vous conterai l'histoire, si nous avons encore quelques moments.

LOUISE. Oui, grand-papa! Commencez bien vite : maman ne voudra pas vous interrompre!

LE BON FRÈRE.

L'AÏEUL. Un père de famille avait plusieurs enfants, auxquels il prodigua les mêmes soins et qu'il fit instruire également; mais un seul profita bien de la bonne éducation qui lui fut donnée. Il devint un homme laborieux, économe, vertueux; ses travaux furent bénis; et son père le put voir propriétaire d'une belle fortune, acquise par sa seule industrie. Les frères et les sœurs de cet homme distingué n'imitèrent pas sa bonne conduite, et, par diverses causes, arrivèrent à un tout autre résultat: c'est-à-dire à la ruine et à la pauvreté. Après avoir dissipé tout ce que le père leur avait avancé pour s'établir, ils n'attendaient plus que sa mort pour recueillir et probablement pour dissiper le reste de l'héritage. Le père, qui prévoyait ce malheur, désirait laisser à l'enfant dont il était satisfait tout ce dont il pouvait disposer en sa faveur, et réduire les autres à leur légitime[1]. Ils en eurent quelque soupçon, et leurs alarmes redoublèrent, quand ils se furent aperçus qu'il y avait des conférences secrètes entre le vieillard et l'heureux industriel. « L'enfant chéri, disaient-ils entre eux, profite de la préférence aveugle qu'on lui accorde; il s'efforce de nous dépouiller, comme s'il n'était pas assez riche! » Ces propos jaloux parvinrent jusqu'aux oreilles du frère, mais il feignit de les ignorer. Quand le père fut mort, tous les frères et sœurs se présentèrent devant la justice pour assister à l'homologation[2] du testament. Mais, avant que l'officier public en fît la lecture, un des frères qui se croyaient maltraités demanda la parole, en son nom et au nom de ceux qu'il appelait les compagnons de sa disgrâce. « Nous savons, dit-il, quel est le contenu du testament qu'on va lire, et si j'ai demandé à m'expliquer là-dessus, c'est afin qu'on ajoute foi d'autant plus facilement à des plaintes, qui n'auront pas été faites seulement après coup. Que la justice ne soit pas étonnée, si le testament se trouve injustement favorable à monsieur notre frère ici présent. Nous déclarons tous qu'il a capté[3] la vo-

1. La part que la loi attribue aux enfants sur les biens paternels et maternels, et qui ne peut leur être enlevée par testament.

2. Approbation de l'acte par l'autorité.

3. Séduit par de mauvais moyens.

lonté du défunt, et nous nous proposons d'attaquer l'acte, en fournissant la preuve d'une accusation que nous faisons à regret, si juste qu'elle soit. — Lisez le testament, monsieur, » dit pour toute réponse le frère calomnié, et l'officier public en donna lecture.

Le père y déclarait que son intention avait été de laisser à celui de ses enfants dont la conduite l'avait consolé dans ses chagrins toute la portion disponible, mais qu'il avait dû céder à ses prières instantes et réitérées de n'en rien faire; il déclarait donc à ses autres enfants qu'ils devaient se regarder non comme ses héritiers, mais comme les donataires[1], les obligés de leur frère; il les exhortait en conséquence à l'aimer, à le remercier et, s'ils le pouvaient, à l'imiter. Après quoi le testateur déclarait qu'il partageait ses biens par égales portions entre tous ses enfants.

Les frères et les sœurs coupables d'injustes soupçons avaient écouté cette lecture avec une grande confusion; leur frère les regardait en versant des larmes; enfin, voyant une de ses sœurs attendrie, il se jeta dans ses bras, en s'écriant : « Je n'ai fait que mon devoir; je vous dispense de me remercier, mais, je vous en supplie, rendez-moi votre amitié, et, comme preuve de réconciliation, acceptez, je vous prie, ma portion de l'héritage pour la partager entre vous. La for-

1. On appelle *donataire* la personne à qui une donation est faite.

tune m'a favorisé dans mes entreprises; vous avez été malheureux dans les vôtres : je serai encore plus riche que vous quand vous aurez accepté ce que je vous offre de bon cœur. »

Les frères et les sœurs se consultèrent un moment, et celui qui avait porté l'injuste plainte répondit, au nom de tous, d'une voix émue : « Nous n'avons pas mérité ce que vous avez fait et ce que vous faites encore en notre faveur; mais, si nous n'acceptions pas votre libéralité, on ne croirait pas à notre repentir. Nous recevons, mon cher frère, comme un don de votre main, non-seulement ce qui vous appartenait, mais encore ce que notre père nous laisse à votre considération. Nous mettons cependant à notre consentement une condition essentielle, c'est que vous resterez administrateur unique de l'héritage paternel; vous en consacrerez les fonds au développement de l'industrie qui vous a enrichi; par là nous serons assurés que les biens de notre père passeront à nos enfants; ou plutôt nous croirons retrouver en vous notre père, et lui rendre un juste et tardif hommage, en vous donnant une marque de confiance que vous méritez si bien. »

L'honnête homme consentit à ce qu'on lui demandait, et ses frères n'eurent qu'à s'en féliciter.

SIXIÈME ENTRETIEN.

Du Travail.

JULES. Grand-papa, je n'ai pas réussi à faire valoir aujourd'hui mon droit d'aînesse, et j'ai prévenu François que je m'en plaindrais à vous. Nous avions à ramasser du bois : ce n'était pas un travail bien pénible, mais François ne faisait rien de suite ; la moindre chose lui donnait des distractions ; enfin il s'est assis et il m'a laissé achever l'ouvrage tout seul.

FRANÇOIS. J'étais mal disposé aujourd'hui.

L'AÏEUL. Cependant tu as dîné de bon appétit, et soupé tout aussi bien.

FRANÇOIS. Oh ! c'est différent ! A mon âge, on a plus d'appétit que de forces.

L'AÏEUL. Aussi n'exige-t-on de toi que de légers travaux : mais encore faut-il bien t'y soumettre.

FRANÇOIS. (*Il soupire.*) Oui, je le sais bien !

L'AÏEUL. Tu dis cela bien tristement ! Tu trouves donc que c'est un grand malheur de travailler ?

FRANÇOIS. J'aimerais mieux qu'on pût vivre autrement.

L'AÏEUL. Ce souhait n'est pas sage, puisqu'il est contraire à la loi de Dieu.

LOUISE. Qui nous a dit : *Vous mangerez votre pain à la sueur de votre visage.*

L'AÏEUL. Ce qui veut dire avec fatigue du corps ou de l'esprit, en sorte que tous les travaux utiles satisfont la loi divine.

FRANÇOIS. Si du moins on me laissait libre de choisir le métier qui me plairait le mieux !

L'AÏEUL. Et quel métier choisirais-tu ?

FRANÇOIS. Je me ferais chasseur, et je vivrais de mon gibier.

L'AÏEUL. J'entends ; cette vie te plairait, parce que tu la juges divertissante ; crois-moi, tu la trouverais bientôt des plus pénibles.

FRANÇOIS. C'était celle des premiers hommes, ainsi que vous nous l'avez dit.

JULES. Puisqu'ils y ont renoncé, cela prouve qu'ils ont trouvé mieux.

L'AÏEUL. Pourraient-ils y revenir maintenant ?

JULES. Nullement ; ils sont trop nombreux sur la terre, et principalement en Europe. Aujourd'hui même les rares chasseurs que nous voyons dans nos campagnes auraient bien de la peine à vivre de leur chasse, et seraient bien moins assurés de leur dîner que ceux qui labourent les champs. Aussi, le plus souvent, on ne chasse que par plaisir.

FRANÇOIS. Eh bien, je voudrais me faire berger, et garder les troupeaux sur la montagne.

LOUISE. Ce serait aussi mon goût. On s'assied sur la mousse, à l'ombre des sapins ou des chênes ; on tresse des nattes de jonc et des corbeilles d'osier ; les vaches paissent alentour, et nous donnent, le soir, du lait, de la crème, sans parler des fromages! Pour moi, je ne sais d'où vient que tout le monde ne se fait pas berger.

L'AÏEUL. C'est qu'il n'y aurait pas non plus de quoi nourrir tout le monde. Le même terrain qu'on laisserait en pâturage nourrirait dix fois moins de gens que s'il était semé en blé ou planté en pommes de terre.

FRANÇOIS. Le monde est donc bien peuplé?

L'AÏEUL. Et tous les jours la population augmente, et avec elle la nécessité de travailler pour vivre.

LOUISE. Enfin, puisqu'il faut des gens pour faire paître le bétail, au moins sur les montagnes, laissez-nous, grand-papa, suivre notre fantaisie! Nous serons si heureux comme cela!

L'AÏEUL. Chacun voudrait être ce qu'il n'est pas. Écoutez là-dessus l'histoire des trois bateaux.

LES TROIS BATEAUX.

Il y a quelques années, mes affaires m'appelaient de temps en temps à traverser la rivière qui coule à une demi-lieue d'ici. Vous connaissez Lucas le passeur[1] : il m'avait passé fort souvent dans son bac; mais, pendant six mois, je n'eus

1. Celui qui mène un bateau ou un bac pour passer l'eau.

pas besoin de ses services. Au bout de ce temps je retournai au bac, et je fus surpris de retrouver Lucas à son poste, parce qu'on m'avait dit que ce n'était plus lui qui passait les gens. Je lui demandai ce qui avait pu donner cours à ce faux bruit. « La nouvelle n'était point fausse, me répondit-il, et voici ce qui est arrivé. L'histoire n'est pas longue, je vous l'aurai contée avant que nous ayons atteint l'autre bord. Baptiste le pêcheur, Martin le batelier, et moi Lucas le passeur, nous étions, un soir de fête, à la même table, chez la mère Germaine. Chacun de nous faisait des plaintes sur son état; Baptiste trouvait trop chanceuse sa vie de pêcheur; Martin, le batelier, avait assez d'ouvrage; mais, si la rivière était facile à descendre, elle était pénible à remonter. Je lui dis : Vous avez du moins de bons moments; mais moi, qui ne fais que passer et repasser d'un bord à l'autre, il faut que je rame toujours. Nous trouvions tous les plaintes de nos confrères moins fondées que les nôtres, et là-dessus nous convînmes de changer d'état : Martin fut passeur; Baptiste prit la place de Martin, et moi je devins pêcheur. Au bout de trois mois il y eut encore une fête à chômer, et les trois mécontents se retrouvèrent à la même table, d'aussi mauvaise humeur qu'auparavant. C'est, dit l'un de nous, que nous avons mal troqué. Moi, j'aurais préféré le métier de pêcheur, dit Martin; c'était mon goût, j'en suis sûr, et ce serait mon bonheur. Prenez ma place, lui dis je, pourvu que Baptiste me cède celle qu'il occupe aujourd'hui, et que je puisse tour à tour descendre et monter la rivière. Du moins je verrai la ville quelquefois! Baptiste, qui était aussi fatigué de son nouveau genre de vie que nous l'étions du nôtre, consentit à ce nouvel échange. Que vous dirai-je de plus? Au bout de trois mois (c'était hier) nous nous sommes retrouvés chez la mère Germaine, et d'un commun accord Baptiste a repris ses filets, Martin ses voyages, et, comme vous le voyez, je suis revenu à mon bac. Il y a toute apparence que je lui resterai fidèle, et que je passerai les gens jusqu'à l'heure où la mort viendra me passer à mon tour. » Voilà l'histoire de Lucas, et celle de beaucoup de monde. Si l'on aimait davantage le travail, on serait moins disposé à se plaindre de son état.

Jules, quand tu étais à l'âge de François, tu faisais les mêmes plaintes que lui, et je te répondais de mon mieux. J'ai réussi à te corriger, car tu es aussi laborieux à présent que tu étais paresseux autrefois : tu ferais bien de redire à François quelques-unes des choses que nous avons dites ensemble sur la nécessité du travail.

LOUISE. J'en ferai mon profit comme François; j'en ai grand besoin, car, si je ne m'amuse pas tout le jour à ne rien faire, c'est, je l'avoue, par obéissance et malgré moi.

JULES. Si l'homme ne travaillait pas, il serait le seul être oisif dans le monde. La terre elle-même travaille, quand elle produit les herbes.

les feuilles, les fleurs et les fruits. Plusieurs animaux sont évidemment placés sous nos yeux pour nous donner l'exemple du travail.

LOUISE. Surtout ces jolies abeilles, qui font de si bon miel ! Mais qu'elles sont heureuses de travailler en volant d'une fleur à l'autre !

FRANÇOIS. Et ces petites fourmis, qui voiturent tant de choses dans leur magasin ! Ne croyez pas, quand elles trouvent quelque bon fruit, qu'elles en laissent la moindre partie.

JULES. Point d'animal qui reste entièrement oisif et qui ne prenne quelque peine pour élever des petits, ou du moins qui ne leur prépare des moyens d'existence pour le temps où ils viendront à naître. Les animaux domestiques, soumis à la volonté de l'homme, travaillent sous ses ordres avec une ardeur et une patience admirables. Mais il n'obtient leur secours qu'en les aidant lui-même ; il doit prendre beaucoup de soins pour conserver et perfectionner ces espèces utiles. L'homme a des besoins nombreux. Il est sensible au froid et à la chaleur ; il ne peut se passer d'abri contre leur excès, et il n'est pas venu au monde avec une maison sur le dos, comme l'escargot et la tortue, ni avec un manteau de fourrure, comme plusieurs quadrupèdes.

LOUISE. Quadrupèdes?

FRANÇOIS. Ce mot t'arrête, Louise? Souviens-toi que M. Guérard nous a dit qu'on appelle ainsi les animaux à quatre pieds.

JULES. Il faut donc que l'homme se construise

un logement et se taille des habits, Comme tous les animaux, il a besoin de nourriture. Heureusement il peut manger toute sorte d'aliments, racines, plantes, fruits, et la chair d'une foule d'animaux. Mais encore faut-il qu'il s'en procure une quantité suffisante pour lui et pour sa famille.

Car il ne doit pas songer à lui seulement; il est obligé de pourvoir aux besoins de ses enfants trop jeunes et de ses parents trop vieux pour se suffire à eux-mêmes. Il vit au milieu de la société, qui protége ses biens et sa personne contre les malfaiteurs, et qui lui rend mille autres services, lui assure mille jouissances; il doit donc à la communauté une part de son travail ou du produit; enfin il doit aussi quelque chose aux pauvres infirmes, qui n'ont point de parents, d'époux ou d'enfants pour les entretenir.

FRANÇOIS. Si bien que travailler c'est faire l'aumône?

L'AÏEUL. Et que c'est la recevoir de vivre dans l'oisiveté.

FRANÇOIS. Ah! grand-papa, je ne veux plus être paresseux!

L'AÏEUL. Voilà une bonne résolution; mais elle est bien prompte, et je ne m'y fie pas encore. Il y a beaucoup de choses à dire sur le travail, et nous y reviendrons. Comme il doit occuper une grande place dans notre vie, il est convenable de lui en faire une grande dans nos entretiens.

SEPTIÈME ENTRETIEN.

Du Travail.

L'AÏEUL. Mes enfants, je veux ce soir vous proposer une énigme.

LOUISE. Une énigme ?

FRANÇOIS. Fort bien ! C'est-à-dire une de ces questions singulières, comme par exemple : Quel est l'animal qui le matin marche à quatre pieds, à midi sur deux, et le soir sur trois ? » Sais-tu, Louise, quel est cet animal ?

LOUISE. Eh ! certes non : je n'en vis jamais de pareil.

FRANÇOIS. (*Il rit.*) Tu en vois tous les jours, et pas bien loin d'ici.

LOUISE. Explique-toi. Tu empêches grand-papa de nous proposer son énigme, qui, j'en suis sûre, vaut beaucoup mieux que la tienne. Mais enfin quel est-il donc cet animal étonnant ? Je crois que j'en ai peur !

FRANÇOIS. C'est l'homme.

LOUISE. L'homme !

FRANÇOIS. Oui, sans doute. Le matin, c'est-à-dire au commencement de la vie, il marche à quatre pieds : ainsi font les petits enfants ; à midi, c'est-à-dire quand il avance dans la vie, comme le soleil dans le ciel, il est fort, et il marche sur deux pieds ; enfin le soir, ce qui signifie vers la fin de la vie...

L'AÏEUL. François me regarde, et n'ose pas achever. Eh bien, Louise, ne devines-tu pas? Mon bâton est un troisième pied sur lequel je m'appuie, pour aider aux deux autres. Voilà l'énigme de François ; voici maintenant la mienne : Quel est le plaisir le plus grand, le plus doux, le plus sûr, le plaisir dont on ne se lasse jamais, qui peut tenir lieu de tous les autres, et même nous consoler au milieu des plus grands chagrins?

JULES C'est...

L'AÏEUL. Je crois, Jules, que tu m'as deviné. Laissons ton frère et ta sœur s'exercer là-dessus ; nous verrons ensuite si nous avons besoin de tes secours.

FRANÇOIS. J'aime beaucoup à jouer, mais cela finit par me fatiguer ; j'aime à m'entretenir avec vous au coin du feu, mais, s'il nous arrivait de grands malheurs, cela ne nous consolerait pas... Ah! j'y suis, quand on dort, on ne sent pas le chagrin ; on ne se fatigue pas non plus ; au contraire, on se délasse : le plus grand plaisir c'est de dormir!

LOUISE. Étourdi! Peux-tu appeler le sommeil un plaisir? Est-ce qu'on sent le sommeil? Pour moi, quand je dors, je ne sais pas seulement que je suis au monde. Dis-nous, si tu veux, que c'est un grand plaisir de se coucher, quand on est bien las ; mais je gagerais que ce n'est pas le plaisir le plus grand et le plus doux! Attendez! n'est-ce pas de s'aimer les uns les autres comme nous faisons?

L'AÏEUL. La réponse de Louise vaut mieux que celle de François, et certainement l'amitié des parents, des enfants, des frères et des sœurs est un des plus grands plaisirs que nous puissions goûter en ce monde. Mais je suppose qu'il existe deux amis, ma petite Louise, et que l'un vienne à perdre l'autre, le survivant ne sera pas consolé par son amitié pour le mort; au contraire, plus il l'aimait, plus il souffrira, Écoutons Jules à présent.

FRANÇOIS. Oh! je suis sûr qu'il devinera juste; c'est encore un droit d'aînesse!

JULES. Le plaisir le plus grand, le plus doux, le plus sûr, celui dont on ne se lasse jamais, et qui peut nous consoler dans le malheur, c'est l'approbation de la conscience.

L'AÏEUL. Oui, mes enfants, rien n'est si doux que de pouvoir se dire : « J'ai fait mon devoir. » C'est un plaisir qui donne une satisfaction entière; plus on l'a goûté, plus on l'aime; on ne s'en lasse jamais; enfin, quoi qu'il arrive, la voix d'une bonne conscience est une consolatrice fidèle : nous pouvons perdre nos amis, mais elle ne nous abandonne jamais, tant que nous méritons qu'elle demeure avec nous... François, tu baisses les yeux, et tu détournes la tête!

FRANÇOIS. Moi, grand-papa?

L'AÏEUL. Qu'est-ce que cela? Tu rougis, et je te vois embarrassé !

LOUISE, *vivement*. Oh ! je sais pourquoi. (*Elle frappe des mains.*)

FRANÇOIS, *avec reproche*. Louise !

LOUISE. Il faut que je vous apprenne...

FRANÇOIS. Non !

L'AÏEUL. Si c'est du mal, tu ne dois pas, Louise.

LOUISE. Au contraire, grand-papa : c'est qu'il a fait aujourd'hui une très bonne action; et, comme vous parliez de l'approbation de la conscience, il s'est troublé de plaisir... Enfin, il m'avait fait promettre de ne rien dire, mais...

L'AÏEUL, *à François*. Mon ami, laisse-nous partager le plaisir de Louise.

L'ENFANT COMPLAISANT.

LOUISE. Vous savez que papa nous avait envoyés tous deux au moulin après midi, pour savoir si notre grain était moulu. En revenant, nous avons devancé la pauvre vieille Marthe, qui s'en retournait chargée d'un petit sac de farine, que le meunier lui avait moulu par charité. François, la voyant toute courbée et marchant *à trois pieds*, lui a dit en passant : « Madame Marthe, ce sac est bien pesant pour une personne de votre âge ! Gageons que je suis plus fort que vous, tout petit que vous me voyez ! » Et, tout en disant cela, il a pris le sac, il l'a jeté lestement sur son épaule, et n'a voulu le rendre à la pauvre vieille que chez elle. J'aurais bien désiré le porter à mon tour, mais cela passait mes forces; et François a fait comme cela près d'une lieue, car vous savez que Marthe demeure assez loin du village.

L'AÏEUL. Et pourquoi François voulait-il t'empêcher de parler?

FRANÇOIS. C'est qu'en faisant un effort, j'ai déchiré ma veste à l'épaule; et, pour ne pas chagriner notre mère, Louise m'avait promis de la recoudre en cachette.

LA MÈRE. Viens, François; donne-moi ta veste et un baiser. Je suis trop contente de toi pour te gronder. Tu trouveras ceci réparé en te levant.

L'AÏEUL. Eh bien, mon ami, tu voudrais sans doute avoir souvent des plaisirs comme aujourd'hui?

FRANÇOIS. Tous les jours, grand-papa! mais ces bonnes occasions sont rares.

L'AÏEUL. Non, mon ami, il n'y a pas un moment dans la vie où tu ne puisses remplir quelque devoir. C'en est toujours un de faire un ouvrage utile. Quelque travail que tu fasses, dans la maison ou dans nos champs, c'est un service que tu rends, non pas à la pauvre Marthe, mais à tes parents, à ta famille. Quand même tu sembles ne travailler que pour toi, tu fais encore, le plus souvent, une bonne œuvre pour les autres, soit parce que tu te prépares ainsi à rendre d'autres services, soit parce qu'en te servant toi-même, tu épargnes une fatigue à tes semblables. Heureux celui qui, par dévouement pour ses frères, sait remplir toute sa vie de travaux utiles! Cet homme goûte sans cesse un plaisir aussi doux que celui dont ta complaisance pour la pauvre Marthe t'a fait jouir aujourd'hui. Vois si la récompense est égale à la peine!

FRANÇOIS. Ah! cette peine est un plaisir. Laissez-moi faire! Je vais travailler avec tant de zèle, que je serai l'enfant le plus heureux du village.

L'AÏEUL. Tu dis plus vrai encore que tu ne penses, mon cher ami, car, de toute façon, le travail est une source de bonheur. La Providence, qui nous l'impose comme un devoir, a voulu qu'il fût aussi pour nous un bienfait. Les travaux, surtout les plus communs et les plus nécessaires, sont propres à développer les forces de l'homme, en sorte que plus il agit, plus l'action lui devient facile, et qu'il trouve bientôt une jouissance très-vive dans le sentiment de sa force, de son adresse et de l'usage qu'il en peut faire.

L'exercice nous rend le repos plus doux. Point de bon sommeil pour l'oisif, même sur la couche la plus molle. Mais avec quelle jouissance l'ouvrier laborieux retrouve-t-il chaque soir son lit de paille!

L'exercice éveille l'appétit, et met à notre service le meilleur des cuisiniers, c'est-à-dire l'aiguillon de la faim, qui nous fait trouver délicieux les plus grossiers aliments. Ces aliments nourrissent beaucoup mieux un corps préparé par le travail à faire une bonne et prompte digestion. Les hommes les plus laborieux sont toujours les plus sains et les plus dispos.

Le travail, même celui du corps, occupe l'esprit et l'intéresse. Il faut penser à ce qu'on fait, tâcher de mieux faire, passer d'une occupation à une autre : cela distrait, et le temps s'écoule si rapidement, qu'on n'a pas le loisir de s'ennuyer. L'oisif, au contraire, ne fait pas autre chose toute la journée. Aussi dit-il sans cesse qu'il cherche à *tuer le temps*. Tuer le temps ! Quelle misère et quelle folie ! C'est tuer la vie même, puisque le temps, comme on l'a dit, est l'étoffe dont la vie est faite. Et remarquez bien que ces hommes, qui se plaignent de la longueur des heures, se lamentent, d'un autre côté, sur la courte durée de notre existence. « Ce n'était pas la peine de naître, » disent-ils souvent. Ah ! sans doute, ce n'était pas la peine de venir au monde pour faire ce qu'ils font ! Mais laissons-les à leur ennui, plus fatigant, plus insupportable que les plus rudes travaux....

LOUISE. Pardon, grand-papa ! Ce que vous dites là me rappelle une fable que j'ai apprise ce matin à l'école ; elle s'y rapporte si bien que je meurs d'envie de vous la réciter.

FRANÇOIS. C'est vrai ! j'y pensais aussi.

L'AÏEUL. Récite cette fable, Louise ; j'aime à vous voir faire ces rapprochements entre nos conversations et vos études.

LOUISE. « *Les Deux charrues.* »

L'AÏEUL. Bon! voilà des personnes de connaissance!

LOUISE.

« Que mon sort est cruel et que le vôtre est doux!
Disait à sa voisine une vieille Charrue.
A peine fait-il jour que je vais, loin de vous,
Des champs sillonner l'étendue.
Là, pour leur supplice et le mien,
Quatre bœufs me traînent sans cesse.
Je marche en gémissant et mords avec détresse
La terre, dont je n'attends rien.
Vous cependant, oisive, au logis on vous laisse,
Ainsi que mon travail vos loisirs sont sans fin,
Vous voyez sans angoisse approcher le matin,
On me foule en esclave, on vous soigne en princesse.
Voyez! je n'y tiens plus; tout mon corps est usé:
Encor quelques sillons, mon fer sera brisé.
— Pouvez-vous, dit l'autre Charrue,
De mon sort vanter la douceur?
Bien mieux que le travail l'oisiveté nous tue.
Je souffre plus que vous, ma sœur.
Je ne peux vous voir sans envie
Aller aux champs dès le matin;
L'ennui ronge en ce lieu ma vie:
Est-il un poison plus certain?
Mes membres vermoulus ne sont plus que poussière
Mon soc de rouille est dévoré:
Le temps, d'un coup prématuré,
Me fera tomber la première.
Allez, retournez au labour;
Du destin gardez de vous plaindre:
Vous n'avez qu'une chose à craindre,
C'est d'être oisive à votre tour. »

L'AÏEUL. Cette pauvre charrue avait bien raison, et je trouve plus de sagesse dans ses regrets que dans les plaintes de la charrue occupée. Non-seulement l'oisiveté peut nuire à la santé du corps, mais elle peut nuire encore à la santé de l'âme; l'oisiveté affaiblit l'intelligence, elle amollit le caractère, tandis que le travail, même le plus commun, développe l'esprit et donne de l'énergie. L'homme laborieux est attentif, il prévoit, il se souvient, il réfléchit : c'est là proprement vivre comme il convient à des créatures intelligentes. En cessant d'agir, nous descendrions peu à peu au rang des plus grossiers animaux ; nous mènerions une vie languissante; nous deviendrions indifférents aux œuvres magnifiques de la création et à celles des arts, comme ces insectes mous et rampants qui se traînent lentement sur les fleurs les plus belles, sans les voir ni les sentir.

LOUISE. Ah! mon choix est fait! Je ne serai jamais limaçon ; j'aime bien mieux être abeille!

L'AÏEUL. Et, en composant ton miel, tu auras par-dessus les abeilles de la ruche l'avantage de connaître Celui qui forme les fleurs et toutes les belles choses de ce monde; le travail, qui affermira ta raison, te rapprochera de Dieu qui te l'a donnée; plus intelligente, tu comprendras mieux ses ouvrages, tu sentiras mieux sa puissance, tu sauras mieux le bénir. Ainsi le travail conduit à la prière, et la prière à son tour nous anime au travail. Consacrez votre vie à ces deux grands devoirs; travaillez et priez, et vous connaîtrez le bonheur.

HUITIÈME ENTRETIEN.

Du Travail.

L'AÏEUL. Eh bien, mes enfants, êtes-vous contents de votre journée?

LOUISE. Ah! grand-papa, la belle promenade que nous avons faite!

L'AÏEUL. Je vous la promettais depuis longtemps. Enfin notre cheval s'est trouvé libre, le temps était beau et votre grand-papa bien disposé : j'ai pu vous tenir parole.

FRANÇOIS. Depuis que je me connais, je voyais là-bas, là-bas, cette montagne, où l'on me disait qu'il y avait un ermitage, et je portais envie à tous ceux qui l'avaient visité.

LOUISE. Que de peine pour y monter! Après avoir laissé notre cheval à l'auberge, nous avons marché près d'une heure.

L'AÏEUL. C'est que je vais bien lentement.

JULES. Vous allez comme un jeune homme, mon cher grand-père!

LOUISE. Ne vouliez-vous pas encore m'aider et me donner la main?

FRANÇOIS. Et quels chemins aussi! Si l'on

peut appeler chemins de vrais sentiers de chèvres!

LOUISE. Quelle habitation que celle de ce pauvre ermite! Est-ce qu'il y passait l'hiver?

JULES. Sans doute, et même sans feu.

FRANÇOIS. Qu'est-ce qui avait pu le décider à mener une vie si dure?

L'AÏEUL. Un sentiment d'humilité chrétienne, qui le portait à la pénitence; une ardente piété, qui l'entraînait à fuir le monde, afin de vivre pour Dieu uniquement.

LOUISE. Alors il ne faisait rien pour ses frères?

L'AÏEUL. Ne l'accusons pas trop légèrement; il priait Dieu pour eux; il leur offrait l'exemple de la patience et du renoncement, en se soumettant à mille privations; il donnait souvent des avis aux pécheurs et des consolations aux affligés qui le visitaient. La vue même de l'ermitage portait les habitants de la contrée aux sentiments religieux, comme font nos églises et nos chapelles.

FRANÇOIS. N'y avait-il pas aussi des églises et des chapelles dans ce temps-là?

JULES. Oui, sans doute, et des prêtres pour les desservir.

FRANÇOIS. Alors pourquoi l'ermite ne se consacrait-il pas au service de Dieu dans les temples, comme font nos pasteurs, qui prient pour nous sans nous quitter, et qui sont là tout prêts quand nous avons besoin de leurs secours?

L'AÏEUL. Il y avait des pasteurs pour la société, et des moines, des ermites pour la retraite, où ils se livrèrent souvent à d'autres soins : les uns défrichèrent et rendirent fertiles des terres incultes; les autres recueillirent et copièrent d'anciens et précieux écrits qui, sans eux, auraient été perdus. Enfin les monastères et les ermitages furent souvent des refuges contre la barbarie qui régnait alors en Europe. Les dévastateurs, qui ne respectaient ni les villes, ni les villages, s'arrêtaient saisis de crainte, devant ces asiles sacrés où l'on eût dit que la paix du monde s'était assuré un dernier abri.

LOUISE. Il me semble à présent que j'aimerais à passer doucement ma vie, sans tracas de ménage, dans un de ces tranquilles monastères!

FRANÇOIS. Et moi tout seul dans un ermitage, pour ne faire que ce qui me plairait!

L'AÏEUL. Vous voilà bien loin de l'esprit des pieux solitaires. Et il faut l'avouer, comme on abuse des meilleures choses, d'autres que vous ont désiré quelquefois la vie religieuse, parce qu'ils la croyaient oisive; mais c'est une erreur véritable : toutes les professions ont leurs travaux, et particulièrement celles qui se consacrent à Dieu et à la charité.

LOUISE. Il faut donc que tout le monde travaille?

L'AÏEUL. Il est difficile, pour ne pas dire impossible, d'y contraindre qui que ce soit. Mais tous les gens de bien s'en font un devoir de conscience; tout homme d'honneur veut mériter l'estime de ses frères, en s'imposant de lui-même l'obligation à laquelle nous ne pouvons le soumettre par force.

FRANÇOIS. Nous ne voyons pas cependant que les riches labourent, sèment ou moissonnent; ils ne font ni souliers ni vêtements, ils ne bâtissent pas eux-mêmes les belles maisons qu'ils habitent.

JULES. Mais la plupart font d'autres ouvrages qui sont bien difficiles, et, je crois, souvent plus pénibles : les uns se font médecins et nous soignent dans nos maladies; les autres apprennent à connaître les lois, pour devenir juges, avocats, membres du gouvernement; je ne vois pas que ces hommes vieillissent moins vite que les autres ouvriers, et, le plus souvent, ils sont moins forts et moins robustes.

FRANÇOIS. Mais M. Massias, cet homme si riche, qui vient quelquefois dans sa belle voiture visiter grand-papa, vous conviendrez qu'il ne travaille pas beaucoup, celui-là !

L'AÏEUL. C'est un des hommes les plus laborieux et les plus utiles de la France. C'est un agronome.

LOUISE. Qu'est-ce qu'un agronome, s'il vous plaît?

JULES. C'est un campagnard qui, ayant plus d'instruction que nous et des terres plus étendues, les fait cultiver par de nombreux ouvriers qu'il dirige habilement. Comme la surveillance et l'administration occupent tout son temps, il ne met pas lui-même la main à l'œuvre, il ne manie ni la fourche ni le râteau, mais il n'en est pas moins très occupé; il se lève aussi tôt et se couche bien plus tard que ses domestiques; de plus, il s'occupe des progrès de l'agriculture; il fait des essais que nous ne pourrions pas faire, parce qu'ils sont toujours chanceux et coûtent des avances : cependant, lorsque ses expériences réussissent, nous en profitons. M. Massias a déjà rendu au pays plusieurs services de ce genre.

L'AÏEUL. Et souvent ses visites ont eu pour objet de me communiquer ses découvertes, de m'apporter quelques nouvelles espèces de graines ou de plantes, et nous en avons tiré un bon parti.

FRANÇOIS. Ingrat que j'étais! Ainsi donc, si M. Massias travaille tant, ah! certes, ce n'est pas par nécessité, car il est assez riche!

L'AÏEUL. Mais d'abord il aime le travail, et puis il veut être estimé.

JULES. Et il y réussit! Aussi est-il maire de sa commune, ce qui ne l'occupe pas mal non plus, et ces fonctions sont gratuites.

LOUISE. Ce qui veut dire?...

JULES. Qu'elles ne sont pas payées.

FRANÇOIS. Mais on l'appelle monsieur le maire, et tout le monde lui tire le chapeau!

L'AÏEUL. Enfant! crois-tu qu'il soit assez peu raisonnable pour se targuer d'un titre et de quelques saluts? Non; il veut seulement être approuvé de ses concitoyens, parce qu'il les aime et qu'il a besoin de leur bienveillance. Tels sont les sentiments de tous les hommes de bien. Il s'établit ainsi entre eux une espèce de lutte; c'est à qui fera le plus d'efforts pour ses frères, et leur rendra les meilleurs services.

LOUISE. Comme on travaille de son mieux à l'école, pour mériter de bonnes places et de beaux prix.

JULES. Et l'on donne à chaque élève selon son application et les talents qui en sont la conséquence.

LOUISE. Moi, par exemple, cette année, je n'ai obtenu qu'un pauvre petit prix de lecture, et Julie a remporté le prix d'honneur. C'est qu'elle avait fait sans faute un thème très-difficile, et répondu parfaitement à une question d'arithmétique bien embrouillée, après avoir couvert de chiffres toute la planche noire.

L'AIEUL. Il en est de même dans le monde. On mesure l'estime à l'importance et à la difficulté des services.

JULES. Et cela va jusqu'au point d'élever des statues, dans les places publiques, aux citoyens qui ont le plus travaillé pour la gloire et la prospérité de la patrie.

LA FÊTE DES VIGNERONS.

L'AÏEUL. Il y a des récompenses honorifiques pour tous les bons services et pour tous les états. Je pourrais vous citer ce qui se fait en France, par exemple, dans les comices agricoles, où l'on décerne des prix aux plus habiles et aux plus sages fermiers, aux ouvriers les plus recommandables; mais je vous dirai plutôt ce que je vis un jour dans un petit pays voisin du nôtre, dans la Suisse française, où quelques affaires m'avaient appelé. D'abord je n'eus pas de regret à ce voyage, car les bords du lac de Genève sont un des plus beaux pays du monde. Figurez-vous un grand lac, plus large que la distance qui nous sépare de la montagne où nous sommes allés aujourd'hui, et qui s'étend dans une magnifique vallée, entre les Alpes et le Jura. Ces montagnes descendent en pentes douces ou escarpées jusqu'aux bords du Léman (c'est l'autre nom du lac); elles sont couvertes de prairies, de vignobles, et parsemées de nombreux villages. Le long du bord, de jolies petites villes, fort propres, offrent au voyageur toutes les commodités de la vie. Je m'arrêtai dans la ville de Vevey, une de celles dont les environs sont le plus remarquables De la place publique au bord du lac, on a devant soi les grandes Alpes de la Savoie et du Valais, qui s'élèvent majestueusement de l'autre côté; la ville est protégée contre les vents du nord par de hautes collines et par les Alpes de Fribourg; ces collines sont couvertes de riches vignobles. Enfin cette ville est bien faite pour la solennité qu'on y préparait alors, et qu'on appelle l'ABBAYE DES VIGNERONS. Cette fête ne s'est jamais célébrée qu'à de longs intervalles, parce qu'elle exige des frais considérables et de longs préparatifs. J'eus le bonheur de tomber sur une des époques où elle était donnée. Je fus si émerveillé de ce que je vis, que je crois encore faire un songe quand je me rappelle ce vieux souvenir. Longtemps à l'avance la belle jeunesse de Vevay et des villages voisins se prépare aux chants, aux danses, aux diverses marches qui doivent composer la cérémonie. On donne aux figurants des costumes fort agréables, dont plusieurs rappellent la patrie et les usages nationaux, tandis que les autres sont imaginés pour embellir l'idée que nous nous faisons des diverses professions agricoles. Vous verriez là des bergers et des bergères, des jardiniers, des faucheurs, des moissonneurs, des vendangeurs et leurs compagnes, mais tout cela dans les plus gracieux habits de fête. Une foule immense accourt à ce rendez-vous; les fenêtres, les toits des maisons, les branches des arbres sont garnis de spectateurs; de grandes estrades en portent des milliers. Tout à coup on entend les sons d'une musique charmante; les ménétriers paraissent en costume galant; ils conduisent la première troupe, formée de jeunes enfants, dont les cheveux bouclés tombent sur des vêtements blancs, ornés de rubans roses; ces petites bergères, et leurs frères avec elles, mènent de blancs agneaux et portent la houlette. Quand ils ont défilé au milieu des applaudissements, des caresses et des bénédictions de l'assemblée, arrivent de jeunes personnes et de jeunes garçons en costume de jardiniers, voiturant des fleurs et portant tous les instruments de leur état; les costumes sont aussi riants que les fleurs elles-mêmes. Les jardiniers sont suivis des faucheurs et des faneuses : mêmes grâces et nouveaux costumes. Une jeune fille aux cheveux bruns, portée sur un trône, comme en triomphe, semble régner sur tous ceux qui l'ont précédée et qui l'entourent : c'est le Printemps lui-même, qui paraît s'offrir aux regards des hommes et leur sourire à son passage. Après le cortége du Printemps vient celui de l'Été, qui est encore plus brillant. Cette saison est figurée de même par une jeune fille aux cheveux blonds, portée comme sa compagne; elle est armée de la faucille et couronnée d'épis mûrs, dont elle tient une gerbe à la main. Ensuite paraît l'Automne, et son cortége est, s'il se peut, encore plus remarquable que les autres : un bel enfant représente le dieu qui préside aux vendanges; car il est impossible de ne pas reconnaître le Bacchus des Grecs et des Romains dans ce charmant petit enfant, assis sur un tonneau, entouré de personnages qui portent des rameaux de pampre et des couronnes de lierre. Mais tout cela n'empêche pas qu'on ne se rappelle le véritable Dieu des vendanges, des moissons et des autres richesses de la terre féconde. C'est à lui, c'est au seul Dieu des chrétiens que s'élèvent les hymnes de la reconnaissance et de l'amour. Ces chants étaient mêlés de vœux pour la patrie, de bénédictions pour la paix, la liberté et l'abondance. Quoique étranger, je ne pouvais m'empêcher d'être ému Il est vrai que, la langue parlée dans ce pays étant la nôtre même, je pouvais encore me croire au milieu de mes concitoyens; il est également vrai que j'avais reçu à Vevay l'accueil le plus amical; car il faut savoir que ce peuple est très-hospitalier. Il y a bien longtemps de cela, mais je n'oublierai de ma vie le moment où je vis le président de la fête couronner de ses mains les vignerons qui, par leur bonne conduite, leur habileté, leurs travaux depuis bien des années, avaient mérité qu'on les citât pour modèles. Des larmes coulaient de tous les yeux à ce spectacle, et je ne fus pas moins ému que les autres.

JULES. Je ne vois pas ce qui empêcherait les Français d'avoir des fêtes pareilles, et sans doute plus belles encore, puisque la France est plus puissante, plus riche et plus grande; plusieurs provinces offriraient pour de telles solennités le théâtre le plus magnifique.

L'AÏEUL. On y pensera sans doute, et il s'est fait déjà plusieurs essais dans ce genre. Une fois l'impulsion donnée, on trouvera aussi juste que sage de célébrer par des fêtes champêtres et nationales les bienfaits de la Providence.

LOUISE. (*Elle bat des mains.*) Que je voudrais figurer dans une si belle cérémonie ! Je serais bergère cette fois, et voici mon berger ! (*Elle prend François par la main.*) Notre petit agneau blanc serait aussi de la fête ; et s'il ne s'agit que de le couronner de fleurs, mon jardin nous en donnera des moissons.

NEUVIÈME ENTRETIEN.

Du Travail.

LOUISE. Est-il possible, grand-papa, comme M. Guérard le disait aujourd'hui à l'école, que notre famille soit la plus ancienne du village ?

L'AÏEUL. Je sais bien qu'on ne se souvient pas que nous ayons jamais demeuré ailleurs qu'ici.

FRANÇOIS. Et notre maison est plus ancienne que vous ?

L'AÏEUL. J'avais ton âge quand mon grand-père la rebâtit, à l'exception de l'étable, qui se trouvait en bon état ; mon grand-père disait qu'elle avait été construite par le sien.

JULES. Notre maison a donc passé de père

en fils depuis bien longtemps! Comme nous devons l'aimer!

L'AÏEUL. Vous y serez, je l'espère, sages et heureux comme vos ancêtres, et vous y verrez vos petits-enfants, comme j'y vois les miens.

LOUISE. Oh! je ne suis pas pressée de voir arriver ce temps-là; je voudrais plutôt retenir celui d'à présent. (*Elle prend les mains du vieillard.*)

FRANÇOIS. Et nos terres nous viennent-elles d'aussi loin?

L'AÏEUL. Une partie; le reste fut acheté par les uns ou par les autres, avec le produit de nos économies. C'est moi, par exemple, qui ai joint au domaine le petit bois, du côté de la montagne, et c'est votre père qui nous a donné le champ que nous avons semé d'avoine cette année. En revanche nous avons perdu quelques pièces de terre, parce qu'un de nos grands-oncles, qui avait partagé avec son frère, votre ancêtre, vendit sa portion, pour entreprendre un commerce qui le ruina. Si vous travaillez avec persévérance, si vous mettez beaucoup d'ordre dans vos affaires, vous serez peut-être un jour en état de racheter ces terres, sorties de notre patrimoine.

JULES. Nous ne demandons pas mieux.

L'AÏEUL. Mais il paraît que vous voulez encore parler du travail, car cette conversation nous y mène tout droit. J'en profiterai pour vous entretenir du principal motif qui porte beaucoup de gens à travailler, et même avec une grande ardeur : c'est le désir de s'enrichir.

FRANÇOIS. Ce désir est-il coupable ?

L'AÏEUL. Nullement, s'il est renfermé dans une juste mesure, et si nous le satisfaisons par des moyens honnêtes. En effet, nos besoins durent toute la vie, et nos forces s'en vont avec l'âge ; nous pouvons d'ailleurs devenir malades ; des infirmités peuvent nous affliger : il faut prévoir cet avenir et ces accidents, amasser des provisions pour l'hiver de la vie et pour les mauvais temps, comme nous le voyons faire à divers animaux. Il serait étrange que nous fussions moins prévoyants !

LOUISE. Mais, grand-papa, les provisions ne se gardent pas longtemps ! Vous m'avez dit, je m'en souviens, que le blé se conserve avec peine quelques années ; le vin finit par se gâter ; les fruits qui se gardent le mieux ne durent guère jusqu'à la récolte suivante !

FRANÇOIS. *(Il rit.)* Aussi n'est-ce pas de ces provisions-là qu'il s'agit, mais de l'argent qu'on amasse, et avec quoi l'on peut tout acheter. On remplit une bourse de cuir avec des pièces de cent sous, ou de vingt francs en or, si l'on peut ; on ajoute, on ajoute ; cela se garde aussi longtemps qu'on veut, et l'on puisse là-dedans, à mesure qu'on a besoin de ceci ou de cela.

L'AÏEUL, *à François*. Tu fais sourire ton frère, et je crois qu'il a quelque chose à te répondre.

JULES. Je suppose, François, que tu parviennes à mettre ainsi, écu par écu, jusqu'à mille francs dans ta bourse de cuir, et qu'à soixante ans tu deviennes, par malheur, incapable de travailler?

FRANÇOIS. Eh bien, suis-je tant à plaindre? J'aurai mille francs pour vivre jusqu'à ma mort.

JULES. Mais sais-tu quand tu mourras, et dans quelle proportion tu devras ménager ton argent, pour en avoir jusqu'à ton dernier jour?

FRANÇOIS. Je supposerai que je dois vivre longtemps, longtemps, quatre-vingts ans, par exemple.

LOUISE, *vivement et regardant son grand-père*. J'espère bien qu'on peut vivre davantage!

JULES. De soixante ans à quatre-vingts, cela fait?

FRANÇOIS. Vingt années.

JULES. Combien auras-tu à dépenser par an?

FRANÇOIS. Mais... la vingtième partie de mille francs.

JULES. Ce qui fait?...

FRANÇOIS. Attends... la dixième partie de mille serait cent; la vingtième, c'est... la moitié moins; c'est donc cinquante francs.

LOUISE. Cinquante francs! mais n'est-ce pas beaucoup d'argent?

JULES. Nous avons dit cinquante francs par année. Et l'année combien a-t-elle de jours?

FRANÇOIS. Les années ordinaires ont trois cent soixante-cinq jours, et les bissextiles trois cent soixante-six.

JULES. Je m'en tiens aux années ordinaires. Cinquante francs pour trois cent soixante-cinq jours font par jour?

LOUISE. Pas même un franc, pauvre François.

JULES. Eh bien, faisons le compte en centimes. Cinquante fois cent?

FRANÇOIS. Font cinquante mille.

LOUISE. Non, cinq cents.

JULES. Ni l'un ni l'autre, mais cinq mille.

LOUISE. Cinq mille centimes par an! Te voilà riche cette fois!

JULES. Divise cinq mille par trois cent soixante-cinq : tu sauras combien de centimes tu as à manger par jour.

FRANÇOIS. Fais le calcul toi même, et apprends-moi l'état de ma fortune; je me doute qu'il n'est pas brillant.

JULES. Tu ne trouveras pas tout à fait quatorze centimes par jour.

FRANÇOIS. Quoi donc, pas même trois sous!

LOUISE. Pauvre malheureux!

JULES. Et, si tu ne mourais pas à quatre-vingts ans, après avoir dépensé tes derniers centimes, que deviendrais-tu?

FRANÇOIS. Il n'y aurait plus que l'hôpital.

LOUISE. Tire-nous de là, je t'en prie, mon petit Jules!

JULES. Je sais bien comment, mais grand-papa vous le dira mieux que moi.

L'AÏEUL. Non, mon ami, continue; tu as fort bien commencé.

JULES. Eh bien, François tu avais raison; les provisions dont grand-papa nous parlait, c'était l'argent de nos économies; mais ce n'est pas dans une bourse ni dans un coffre que tu dois les placer; tu feras mieux de les prêter à des gens sûrs, qui s'engagent à te payer chaque année un *intérêt* de cette somme prêtée, qu'on appelle un *capital*. Si, par exemple, tu veux prêter une somme de cent francs, tu trouveras facilement un débiteur qui te payera quatre ou cinq francs d'intérêt par année.

FRANÇOIS. Pourquoi donc?

JULES. Parce qu'il voudra peut-être acheter avec ton argent du bétail ou des marchandises, sur quoi il pourra faire des bénéfices; or il est juste qu'il t'en fasse part, puisque sans toi il n'aurait pu rien gagner.

FRANÇOIS. En sorte qu'au bout de l'année, j'aurai cent cinq francs? Ce n'est pas une grande avance!

JULES. Mais, au bout de l'année tu auras peut-être une nouvelle économie à placer, et puis l'intérêt lui-même, ajouté au capital, produira un intérêt à son tour. Cela va vite. Te souviens-tu des boules de neige que nous avons roulées l'hiver passé dans notre cour?

FRANÇOIS. Si je m'en souviens! Je voudrais pouvoir recommencer demain.

JULES. Ces boules étaient d'abord très-petites; tu les roulais tout seul, d'une main, puis de deux, puis j'allais à ton secours, et bientôt nous étions obligés d'appeler notre père, qui voulait bien se prêter à cet amusement.

LOUISE. Et, quoiqu'il soit très-fort, il fallait vous arrêter au bout de quelques moments.

JULES. Eh bien, mes amis, il en est ainsi de l'argent prêté à intérêt, quand on n'y touche pas pendant quelques années; c'est la boule de neige. Si, par exemple, tu plaçais quatre cents francs, au cinq pour cent, en ajoutant, à la fin de chaque année, les intérêts au capital, pour en former un capital nouveau, tu posséderais, au bout de trente années, mille sept cent vingt-huit francs quatre-vingts centimes, c'est-à-dire plus de quatre fois la somme prêtée.

FRANÇOIS. Alors pourquoi tout le monde n'est-il pas riche?

L'AÏEUL. Parce que peu de gens ont assez de suite et de persévérance dans leurs affaires. Peu de gens savent faire des épargnes; un moins grand nombre encore savent les faire toujours profiter. Pour nous, mes enfants, je vous ai dit ce que nous avons fait des nôtres.

FRANÇOIS. Vous avez acheté des terres : cela rapporte-t-il autant?

L'AÏEUL. Non, mais le capital est plus sûr. D'ailleurs nous aimons l'agriculture, nous la connaissons bien, pour l'avoir longtemps pratiquée; nous avons consulté nos convenances et notre goût.

LOUISE. Ah! que je vous remercie, grand-papa, d'avoir acheté ce joli bois! Savez-vous qu'il rapporte des fraises excellentes? Nous en avons déjeûné souvent.

FRANÇOIS. Et ce hêtre qui nous chauffe et nous réjouit, n'en vient-il pas? Si nous ne trouvions pas cela sur notre bien, il faudrait l'acheter.

L'AÏEUL. Ainsi les produits de la terre remplacent l'intérêt. Nous avons donc aussi *capitalisé* en achetant du terrain; nous avons fait ce que Jules vous conseille de faire, quand vous aurez des économies. Si ce n'est pas pour vous, ce sera pour vos enfants, que vous pouvez laisser orphelins en bas âge, ou qui peut-être, malgré leur bonne volonté, ne réussiront pas aussi bien que vous à faire des épargnes, parce que les temps peuvent devenir mauvais, et que le travail de l'homme est toujours soumis à quelques chances; après les années fertiles viennent les années de disette; après les beaux temps, les orages; après la paix, la guerre et les révolutions: Dieu nous a donné la prévoyance, pour nous garantir, nous et nos familles, contre ces épreuves et ces calamités.

JULES. Et, dans la parabole des talents, il nous commande lui-même de faire valoir ce que nous possédons. Je sais bien qu'il s'agit plutôt, dans cette parabole, de l'emploi que nous devons faire de nos forces, de nos facultés; mais elle peut être aussi considérée comme une leçon de bonne économie.

L'AÏEUL. Il n'y a pas longtemps, Louise, que je t'ai dit cette parabole.

LOUISE. Et je m'en souviens toujours. Faut-il vous le prouver?

L'AÏEUL. Nous t'écouterons volontiers.

LOUISE. Un maître, qui partait pour un long voyage, remit cinq talents à l'un de ses serviteurs, deux à l'autre et un à l'autre. Or il faut savoir que le talent est une assez forte somme d'argent.

JULES. Qui a varié selon les temps et les pays.

LOUISE. Les deux serviteurs qui avaient reçu l'un cinq talents et l'autre deux les firent valoir.

JULES. Ils capitalisèrent.

LOUISE. Le premier gagna cinq autres talents, et le second en gagna pareillement deux autres. Le troisième serviteur se contenta de creuser la terre et d'y cacher l'argent de son maître.

FRANÇOIS. Comme je voulais cacher et laisser dormir mes pièces de cent sous dans une bourse de cuir.

LOUISE. Le maître, étant revenu, leur fit rendre compte. Il loua beaucoup les deux serviteurs qui purent lui présenter des économies, faites du produit des talents qui leur avaient été confiés, mais il tança sévèrement celui qui n'avait fait aucun usage de son talent : le maître le lui reprit et le confia au serviteur diligent auquel il en avait déjà confié cinq auparavant.

L'AÏEUL. Ce talent repris au serviteur paresseux est une chose qui se vérifie tous les jours; l'homme qui ne travaille pas à faire quelques économies, non-seulement ne s'enrichit point, mais il perd même ce qu'il a ; qui n'avance pas recule, aussi bien dans le chemin de la fortune que dans celui de la sagesse. Il me prend envie de vous conter encore une histoire sur ce sujet. Ce que je vais vous dire s'est passé dans notre voisinage.

LES DEUX FRÈRES.

Un père de famille était mort, laissant une ample succession à ses nombreux enfants. Deux frères eurent en partage, et pour tout patrimoine, un domaine assez beau. L'aîné dit au cadet : « Si nous le partageons, l'exploitation en sera moins facile et moins avantageuse. Unissons nos efforts, Dieu les bénira ; moins riches que notre père, nous ne serons pas moins heureux, et peut-être, à force d'économie, parviendrons-nous à nous agrandir un peu. »

Le cadet ne voulut pas y consentir. Il aima mieux vendre sa part du domaine, pour aller vivre à la ville, dont les plaisirs lui semblaient délicieux. Heureusement l'aîné avait dans le pays une excellente réputation; il trouva un créancier qui consentit à lui prêter la somme qu'il dut payer à son frère. Ensuite il se mit à l'œuvre, et d'abord il vit bien qu'il devait se soumettre à la plus rigoureuse économie et mener une vie fort dure. Ayant chaque année un gros intérêt à payer, il ne lui restait pas grand'chose, les frais de culture prélevés et les impôts acquittés. Mais sa bonne conduite fit prospérer ses affaires; un voisin ne craignit pas de donner sa fille à cet homme laborieux; une dot modique lui fut de quelque secours; cependant il en trouva bien davantage dans l'activité et l'économie de sa femme. L'un et l'autre firent si bien qu'en douze années ils eurent payé la moitié de leur dette, et comme leurs affaires continuèrent de prospérer, au bout de six autres années ils avaient affranchi leur domaine de toute hypothèque; ils étaient maîtres de leur bien.

FRANÇOIS. J'entends quelquefois parler d'hypothèques, et je n'en ai pas une idée bien claire.

JULES. L'hypothèque est l'engagement d'un fonds de terre ou d'une maison, pour garantir le payement de l'argent qu'on emprunte. Si nous ne payons pas dans le temps et de la manière que nous avons promis, le créancier peut faire vendre l'hypothèque pour être remboursé.

FRANÇOIS. Vraiment! J'espère que personne n'a de pareils droits sur nos terres et notre maison?

L'AÏEUL. Non, mon ami, sois tranquille; nous ne devons rien à personne, et nous sommes aussi heureux que ce brave homme dont je vous ai conté l'histoire.

LOUISE. Mais est-elle finie? Non pas, je gage! Et ce frère qui est parti pour la ville! Qu'est-il devenu?

L'AÏEUL. Il était parti avec son argent. Les plaisirs de la ville sont coûteux; notre homme, effrayé de voir les brèches qu'ils avaient déjà faites à sa petite fortune, essaya d'y porter remède en se jetant dans les affaires; mais ces affaires tenaient beaucoup plus du jeu que du véritable travail; elles furent encore plus funestes à ce malheureux que les dissipations et les plaisirs. Au bout de quelques années il était complétement ruiné. Son frère avait eu des inquiétudes sur son compte, dès qu'il l'avait vu parti. « Reviens, lui écrivait-il quelquefois, nous ferons valoir ce qui te reste. Tu ne seras pas mécontent de moi. » Le citadin, pour échapper à ces instances, parvint à se cacher sous un autre nom, et, retiré dans un des plus sombres quartiers de la ville, il mena longtemps après sa ruine une vie aussi triste que son affreuse retraite. Il rencontra un jour dans l'escalier de sa misérable demeure un jeune homme qui lui demanda s'il n'était pas un tel, qu'on l'avait chargé de voir dans cette maison. « Je ne suis pas celui que vous cherchez, répondit-il; mais vous, jeune homme, vous êtes un Durand, ou je ne suis pas... » Il s'interrompit à ces mots et s'éloigna en grande hâte, comme une personne qui en a dit plus qu'elle n'aurait voulu. En effet, ces paroles, rapportées par le jeune homme, qui ressemblait à son père d'une manière frappante, suffirent pour mettre celui-ci sur la voie. Dès le lendemain il avait retrouvé son frère; il le forçait de monter dans sa modeste voiture de campagne, et l'emmenait chez lui. Ils se contèrent l'un à l'autre leur histoire. Le cadet, qui n'était pas un méchant homme, se réjouit sincèrement du bonheur de son frère. Il le voyait entouré d'une femme et de quatre enfants, servi par des domestiques qui semblaient des amis de la maison; un ordre parfait régnait dans l'intérieur et dans le domaine; l'écurie, l'étable et la basse-cour étaient bien remplies. « Et tout cela est à nous, disait l'aîné à son frère; mais quand je dis nous, j'y comprends ce fugitif que nous avons retrouvé, et que nous voulons retenir prisonnier. Le père de l'enfant prodigue tua le veau gras, nous dit l'Évangile, au retour de son fils; je veux aussi tuer le veau gras pour le retour de mon frère. Ni ma femme ni mes enfants ne s'en plaindront. Malheur à nous, si l'aisance que nous avons acquise nous avait endurci le cœur! » L'autre, à ces mots, se jeta dans les bras de son frère; sa belle-sœur et ses neveux l'accablèrent de caresses. « Je resterai avec vous, leur dit-il, si je peux, usé et fatigué comme je le suis, vous être bon à quelque chose. Je servirai du moins d'exemple à mes neveux, et je leur dirai souvent : -- Voyez votre oncle, qui était le cadet et qui paraît le plus vieux ; qui n'a point élevé de famille et qui a mangé tout son bien ; il avait eu cependant la même part que votre père à l'héritage de votre aïeul ! Vous avez appris chez vous ce que peuvent le travail et l'économie ; apprenez, par mon exemple, les tristes effets de la négligence. Plus mon frère me comblera de bontés, plus j'éprouverai de regrets de ne pouvoir les reconnaître. »

FRANÇOIS. Grand-papa, me voilà tout disposé à faire des économies, afin d'avoir un jour quelque chose à moi, dont je puisse faire part à mes amis ; mais suis-je bien sûr qu'on ne me prendra pas ce que je n'aurai pas dépensé à mesure ? L'autre jour on nous avait donné, à Louise et à moi, un petit sac de raisins secs ; nous l'avions partagé en deux portions égales ; Louise a mangé d'abord toute la sienne, et moi j'ai gardé la moitié de ma part, je l'ai mise dans l'armoire, et le lendemain plus de raisins ! Je n'ai pas besoin de vous dire qui les avait pris.

LOUISE. Mais tu ne ferais pas mal de dire qui m'avait pris mes prunes quinze jours auparavant. Oui, grand-papa, mettez dans le sac des prunes au lieu de raisins, et je peux vous faire une histoire toute semblable à celle que vous venez d'entendre. Il n'y aura que les rôles de changés.

L'AÏEUL. Ainsi, ma chère Louise, tu t'es fait

justice toi-même : cela ressemble un peu à la vengeance; cependant François, qui avait eu le premier tort, a perdu le droit de se plaindre. Ces deux petits désordres me fournissent l'occasion de répondre à la question que François nous propose; mais le sujet est grave et difficile : j'ai besoin d'y réfléchir jusqu'à demain.

DIXIÈME ENTRETIEN.

De la Propriété.

L'AÏEUL. Jules, y a-t-il longtemps qu'on a inventé l'art de l'imprimerie?

JULES. Il n'y a pas beaucoup plus de quatre cents ans C'est Jean Gutenberg, de Strasbourg, qui a fait cette belle découverte.

L'AÏEUL. Il n'y a donc pas plus de quatre cents ans qu'on a des livres?

JULES. Des livres imprimés.

LOUISE. Est-ce qu'il y en a d'autres?

JULES. Il y a les livres écrits à la main, qu'o appelle manuscrits.

L'AÏEUL. Et de ces livres-là, les hommes en ont-ils depuis longtemps?

JULES. Le plus ancien que nous connaissions est la Bible.

FRANÇOIS. Eh! la Bible est imprimée!

JULES. Sans doute, on l'a souvent imprimée depuis le temps de Gutenberg; mais auparavant on la possédait manuscrite, et depuis bien des siècles. Il y a près de trois mille cinq cents ans que les premiers livres en furent écrits par Moïse.

L'AÏEUL. Il paraît donc que les hommes connaissent l'art d'écrire depuis trois mille cinq cents ans; mais ils ont vécu longtemps sans connaître cet art: savons-nous ce qu'ils faisaient et comment ils vécurent dans ces temps reculés

JULES. Comment le saurions-nous? Les livres seuls auraient pu nous en instruire.

L'AÏEUL. Avant que les hommes connussent les abeilles et leur prêtassent des ruches, que faisaient-elles?

JULES. Elles faisaient du miel sans doute, comme à présent.

L'AÏEUL. Qu'est-ce qui te le fait croire?

JULES. C'est que Dieu l'a ainsi voulu, et qu'il est dans la nature des abeilles de faire du miel.

L'AÏEUL. Où le faisaient-elles?

JULES. Dans le creux des arbres ou des rochers, comme font encore les abeilles sauvages.

L'AÏEUL. Tu souris.

JULES. C'est que je devine où vous en voulez venir. Vous me voulez faire sentir que nous pouvons deviner de quelle façon vivaient les premiers hommes, comme je viens de trouver ce que faisaient les premières abeilles. Nos premiers ancêtres étaient des hommes ainsi que nous, ils avaient les mêmes besoins, les mêmes penchants : ils ont dû faire à peu près les mêmes choses, et ils ont vécu sans doute comme vivent de nos jours les peuples sauvages.

L'AÏEUL. Oui, mes enfants, les hommes n'existèrent d'abord qu'en petit nombre, et dans les pays les plus favorisés par la nature. Ils étaient dispersés dans les campagnes, vivant des racines et des fruits qu'ils pouvaient trouver. Ils se groupèrent d'abord par familles. Comme nous voyons les couples d'oiseaux bâtir des nids pour eux et leur couvée, les parents construisirent une pauvre cabute pour abriter leur famille. Le père cherchait la pâture dans le voisinage. Un jour, en passant sous un arbre, il voit quelques fruits mûrs, et s'empresse de les cueillir. Sa récolte achevée, il est abordé par un autre sauvage, qui veut lui disputer ces fruits. Il résiste et lui dit : « Sur l'arbre ces fruits n'appartenaient à personne; je m'en suis emparé le premier, ils sont devenus mon butin, ils sont à moi. Va cueillir des fruits sur d'autres arbres : je n'irai pas te les disputer, si tu ne me disputes pas ceux que j'ai cueillis. » Voilà, mes amis, la première origine de la propriété. Les choses sans maître sont à celui qui s'en saisit le premier. On peut dire que les animaux eux-mêmes ont le sentiment de ce droit sur la proie dont ils se sont emparés.

Quand les hommes se furent multipliés, ils

eurent plus de peine à se procurer assez de fruits pour leur subsistance. D'ailleurs l'exemple des animaux carnassiers et l'instinct de notre espèce conduisirent bientôt nos pères à se nourrir de chair. Un sauvage, plus habile que les autres, imagina de fabriquer un arc et des flèches. Grand effort de génie, qui ne se fit peut-être qu'après beaucoup de siècles !

FRANÇOIS. Fabriquer un arc et des flèches? C'était bien facile ; j'en ai fait vingt fois.

JULES. Après en avoir vu faire, mon ami.

FRANÇOIS. Ah ! c'est vrai, et je ne pense pas que l'idée m'en fût venue sans cela.

L'AÏEUL. Cette invention fit du bruit ; on ne parlait aux environs que de l'arc et des flèches. Un sauvage rencontre l'inventeur portant ces armes ; il le voit s'en servir : il s'approche, il demande à manier ces instruments qu'il admire, et, quand il les tient dans ses mains, il fait mine de vouloir les garder. L'autre lui dit :

« Rends-moi ces armes ; elles sont à moi !

— A toi ! pourquoi donc?

— C'est que je les ai faites.

— Mais ce bois vient de la forêt, où j'aurais pu le couper comme toi, et ces os pointus, dont tu as fait le bout de ce que tu appelles des flèches, je les ai vus souvent sur le bord de la mer, où j'étais libre de les ramasser comme toi.

— Fort bien, mais c'est moi qui ai coupé le bois, c'est moi qui ai ramassé les os pointus, enfin c'est moi qui ai mis le tout en œuvre pour en faire ces nouveaux instruments qui, sans moi, n'existeraient pas. Que dirais-tu, si je prenais sur tes épaules la peau de bête que tu as taillée et préparée, ou si je m'emparais de ta cabane en ton absence? Tu me trouverais injuste, car chacun est le maître de la chose qu'il a faite. »

L'autre sauvage, convaincu du bon droit de son voisin, lui rendit ses armes, et s'en fabriqua de pareilles, qu'il défendit aussi vivement que le premier, contre ceux qui osèrent les lui disputer.

LOUISE. Ne dirait-on pas que notre grand-père a vécu avec ces sauvages? Pour moi, il me semble que je les vois agir et que je les entends parler.

L'AÏEUL. Notre industrieux archer tombe malade et devient infirme. Il appelle l'aîné de ses fils et lui dit : « Mon cher enfant, c'est toi que regarde à présent le soin de nourrir la famille. Prends cet arc et ces flèches, je te les donne : tâche d'en faire un bon usage. »

Le fils était encore bien jeune, et la première fois qu'il entra en chasse un robuste sauvage qu'il rencontra voulut le dépouiller de ses armes. « Respecte mon droit, s'écrie le jeune chasseur. Ces armes sont à moi ; mon père, qui les a faites, me les a données. Quand tu distribues à tes jeunes enfants les fruits cueillis de tes mains, je ne vais pas leur disputer ce que tu leur partages. Le maître d'une chose peut la donner, comme il pourrait la détruire, si cela lui plaisait. »

Vous voyez que ce jeune homme ne raisonnait pas mal ; heureusement il courait encore mieux, et il se déroba par la fuite à son violent agresseur.

Une autre fois deux sauvages, qui sont allés à la chasse chacun de son côté, se rencontrent, chargés du gibier qu'ils ont tué : l'un porte un faisan, et regarde avec un œil d'envie le lièvre qu'il voit sur l'épaule de l'autre ; celui-ci aimerait mieux le faisan, et propose un échange, qui est accepté. Après quoi l'un des chasseurs, celui qui porte le faisan, rencontre un sauvage, qui veut lui dérober cette proie. « Elle est à moi, s'écrie le chasseur, je la tiens, par échange, de celui qui en était le maître ; mon droit est aussi bon que si j'avais tué le faisan moi-même. »

JULES. C'est l'origine du commerce, qui consiste en effet dans l'échange des marchandises. Je vous offre celles dont je n'ai pas besoin contre celles dont vous êtes embarrassé et qui me sont nécessaires.

L'AÏEUL. Pendant que les hommes travaillent au dehors pour la famille, les femmes ne restent pas sans rien faire à la maison.

LOUISE. Je l'espère bien. J'allais vous demander de leurs nouvelles, car je me doute que vous connaissez leur histoire aussi bien que celle des hommes sauvages.

L'AÏEUL. Une de ces femmes a l'idée d'apprivoiser quelques poules, prises toutes jeunes sous l'aile de la mère. Elle y réussit à merveille; elle se plaît à les voir grossir de jour en jour, et ses enfants n'y trouvent pas moins d'amusement. Au bout de quelque temps une des poules, déjà grande comme sa mère, disparaît tout à coup. Que sera-t-elle devenue? Le renard l'aurait-il croquée, ou quelqu'un s'en serait-il emparé? Non, elle reparaît un jour, à l'improviste, suivie d'une douzaine de poussins, qui piaulent autour d'elle. Grande joie dans la famille! Une voisine passe dans ce moment et veut prendre quelques-uns des nouveau-nés. « Non pas, dit la maîtresse de la poule; j'ai élevé celle-ci, je l'ai nourrie et logée; elle a couvé les œufs qu'elle avait pondus; ils sont éclos : c'est pour moi seule qu'elle a travaillé. La poule est mienne, vous en convenez : or tout ce qui provient de ma poule m'appartient également. »

JULES. Comme les petits du troupeau, comme es fruits du verger appartiennent au maître du roupeau, au maître du verger.

L'AÏEUL. Le maître du verger! Ah! mon ami Jules, tu viens de faire un grand pas. La terre peut-elle avoir un maître? Nous venons de voir que je m'approprie les fruits, les racines, le gibier, le poisson qui n'appartenaient à personne, et dont je me suis *saisi* le premier; que je suis aussi le maître légitime des objets que j'ai *fabriqués* de mes mains, de ceux que le fabricateur ou le maître m'a *donnés*, ou qu'il m'a cédés par un *échange* volontaire; enfin de ceux qui naissent et *proviennent* de la chose qui m'appartient; mais tous ces biens sont des choses transportables souvent susceptibles d'être tenues à la main; c'est ce que les hommes de loi appellent des choses *mobilières*, ou simplement des *meubles*. Mais la terre, mais un champ, un pâturage, qui peut s'en dire le maître à l'exclusion de tout autre? La terre n'est-elle pas le patrimoine commun du genre humain tout entier? De quel droit empêcherions-nous un de nos frères de s'établir dans ce lieu, que nous appelons notre domaine, de s'y reposer, d'y goûter la fraîcheur de l'ombre ou la douce chaleur, la réjouissante lumière du soleil? Pourquoi n'aurait-il pas le droit d'y planter et d'y semer à son tour?

FRANÇOIS. Je lui dirais : Va chez toi, mon ami, te reposer, te rafraîchir ou te réchauffer ; va semer et planter sur ton terrain !

L'AÏEUL, *d'un ton grave*. Et s'il nous dit : Il n'y a pas sous le ciel un pouce de terrain qui m'appartienne. (*Il se fait un moment de silence.*) Nous verrons demain si nous n'avons rien à lui répondre.

ONZIÈME ENTRETIEN.

De la Propriété.

FRANÇOIS. Il me tarde beaucoup de vous entendre ce soir, mon cher grand-papa ; ce que vous avez dit dans notre dernier entretien m'a fort inquiété. Aujourd'hui, en parcourant notre petit domaine, je me disais qu'il serait bien dur de voir des étrangers s'y établir à côté de nous, labourer, semer, planter et, que sais-je? nous chasser peut-être de nos terres et de notre maison.

JULES. Sois tranquille ; grand-papa trouvera moyen de nous défendre contre ces attaques et de sauver notre bien.

L'AÏEUL. Je l'espère, mais, dans le temps où nous vivons, ce n'est pas chose facile. Ces mêmes personnages dont je vous ai parlé, qui voudraient détruire la famille et la remplacer par une communauté forcée, voudraient aussi dépouiller les propriétaires de leurs champs et de leurs maisons, faire du tout une propriété générale, qui serait exploitée en commun, en sorte que toutes choses appartiendraient à tout le monde.

JULES. Ou plutôt que rien n'appartiendrait à personne.

L'AÏEUL. C'est fort bien dit, car tu ne peux appeler une chose *tienne*, qu'autant que tu en as seul la libre disposition.

JULES. Ces gens-là ne sont-il pas de ceux qu'on appelle *communistes?*

L'AÏEUL. Oui, mon enfant, et leurs idées feraient beaucoup de mal, si les défenseurs de la propriété manquaient de courage pour la protéger. Comme on défend mieux une cause que l'on croit juste, appliquons-nous à reconnaître la justice de la nôtre.

Je pourrais vous dire qu'elle a en sa faveur la coutume, l'usage; et voici bien des siècles qu'il dure! Les hommes se sont partagé la terre depuis les temps les plus reculés, et, sauf quelques différences peu importantes, ils ont toujours vécu... à peu près comme nous vivons, dispersés en familles, qui se groupaient en tribus, en peuplades, en nations, sous la protection d'un gouvernement. Mais nos prétendus réformateurs disent que ces vieilles coutumes sont déraisonnables; nous croyons, au contraire, qu'un ordre si ancien, si généralement établi, est celui même auquel l'homme était appelé par sa nature, et qu'il faudrait la changer d'abord, pour le soumettre à l'ordre imaginé par ces téméraires novateurs.

FRANÇOIS. Novateurs?

JULES. C'est-à-dire, sans doute, *amis des nouveautés*, si dangereuses ou si folles qu'elles soient. Je suis bien de votre avis, grand-papa; et je pense que l'homme a, comme les animaux, des instincts, des penchants auxquels il est nécessairement soumis. Et sans doute les sociétés humaines ont pris généralement la forme qu'elles devaient prendre, comme celles des fourmis ou des castors ont pris celle que le Tout-Puissant leur avait tracée.

L'AÏEUL. Ce n'est pas douteux pour nous qui sommes chrétiens, car nous voyons Moïse, les prophètes et Jésus-Christ proclamer les lois sur lesquelles reposent la propriété et la famille; mais beaucoup de communistes osent traiter le christianisme de folie; ils ne respectent pas plus nos croyances que nos biens, nos temples que nos maisons; plusieurs même ne croient pas en Dieu.

LOUISE. Les malheureux! ils renient leur père! (*Elle joint les mains.*) « Mon père, pardonnez-leur, car ils ne savent ce qu'ils font. »

L'AÏEUL. Ils font beaucoup de mal, et sont en effet d'autant plus dignes de pitié. Prie, mon enfant, prie pour ces hommes égarés, puisqu'ils ne sauraient prier eux-mêmes.

Ne laissons pas toutefois de raisonner avec eux; nous en ramènerons peut-être quelques-uns à des idées plus sages, et nous empêcherons qu'ils ne séduisent les autres, comme ils se sont eux-mêmes séduits. Ils prétendent prouver que la propriété est une chose mauvaise; prouvons que c'est une chose excellente et indispensable, à laquelle on reviendrait bientôt, si elle était un jour abandonnée!

FRANÇOIS. Prouvez-le bien, je vous en prie,

car je ne veux pas qu'on puisse nous prendre la maison que votre grand-père a fait rebâtir, et nos champs et nos prés et notre bois, qui sont le produit de vos économies. Mais voyez donc l'audace ! J'ai cru jusqu'ici que de prendre aux gens leur bien c'était voler, et qu'on mettait les voleurs en prison.

L'AÏEUL. Nous avons vu les premiers hommes errant dans les bois, vivant des fruits sauvages qu'ils avaient cueillis et du gibier qu'ils avaient pu saisir : les plus communistes ne refusent pas à l'homme le droit de chercher, comme les animaux, sa nourriture et celle de sa famille ; ils lui permettent de s'approprier les choses sans maître qu'il trouve le premier : mais plusieurs animaux se construisent ou s'approprient aussi une demeure ; « les renards ont des tanières et les oiseaux du ciel ont des nids ; » l'homme n'aurait-il pas « un lieu où reposer sa tête? » Vous comprenez qu'il dut bientôt se construire aussi une pauvre cabane, et, dès ce moment, il se fixa sur le sol, s'emparant du moins de la petite place, nécessaire à sa chétive habitation.

Voilà le premier pas, et probablement cela ne souffrit pas de grandes difficultés ; à chaque couvée, je veux dire à chaque famille, il fallait un nid ; le besoin de voir le mien respecté me portait à respecter celui des autres ; d'ailleurs la place ne manquait pas ; enfin une cabane est plus facile à défendre qu'un domaine. Chacun put se croire

6.

possesseur aussi tranquille de son logement que de ses habits.

Cependant le père de famille s'éloignait des siens le moins qu'il pouvait; il craignait de les laisser longtemps sans défense, la police ne se faisant pas encore d'une façon bien régulière; quand il cherchait la subsistance de sa femme et de ses enfants, il la recueillait de préférence dans le voisinage; et, la même prudence conseillant à chacun la même conduite, tous s'accoutumèrent peu à peu à considérer les alentours de leur habitation comme plus particulièrement destinés à nourrir la famille qu'elle abritait. Un sauvage, plus attentif et plus industrieux que les autres, ayant remarqué l'admirable propriété des plantes de se reproduire par les graines, les rejetons et les boutures, sema et planta autour de sa cabane quelques-unes des espèces les plus utiles à la nourriture de l'homme. Ce fut le premier jardin.

Mais celui qui l'avait établi n'en jouit pas sans trouble. Des pillards profitèrent de son absence ou de son sommeil pour récolter où ils n'avaient pas semé. Il veilla de plus près sur ses cultures et voulut les défendre : on ajouta violence à violence, et, après l'avoir dépouillé, on le maltraita.

LOUISE. Pauvre sauvage! et ses enfants, qui s'étaient réjouis de manger leurs pêches, leurs prunes et leurs raisins, comment vivront-ils à présent?

L'AÏEUL. La privation des biens dont ils avaient joui quelque temps rendait cette famille plus sensible à l'indigence. Le père regrettait son jardin; il voyait avec indignation les hommes injustes qui l'avaient dépouillé : il résolut de s'éloigner et de chercher la paix dans une contrée déserte. Il traversa une rivière et trouva sur l'autre bord un canton de belle apparence; il s'y établit, il reprit ses travaux et jouit plus tranquillement de ses richesses, soit parce qu'il était séparé des hommes, soit parce que ses fils avaient grandi et qu'ils étaient assez forts pour l'aider à défendre leurs cultures.

FRANÇOIS. Qu'on nous vienne attaquer dans les nôtres, et l'on verra! Oh! je saurais les défendre aussi, croyez-moi!

L'AÏEUL. Les enfants et les petits-enfants du premier cultivateur se marièrent successivement, et l'expérience du père leur profita. Soit affection, soit prudence, ils s'établirent dans le voisinage; chacun plante et sème pour sa famille; chacun multiplie les espèces utiles; déjà la terre produit d'abondantes moissons. Quelques familles amies se joignirent à la colonie naissante et en adoptèrent les mœurs. Mais au delà du fleuve les hommes vivaient encore de ce qu'ils trouvaient à l'aventure : ils découvrirent dans leurs courses la peuplade laborieuse et voulurent butiner dans ses champs et ses vergers. Heureusement l'aïeul, fondateur de la colonie, avait prévu ce danger; il avait conté à ses descendants ses premières disgrâces : on s'était préparé d'avance à résister vigoureusement. D'ailleurs ces braves gens étaient nombreux; car les hommes se multiplient d'autant plus qu'ils vivent dans une plus grande abondance; ils étaient bien unis; l'exemple du patriarche qui marchait à leur tête les animait; enfin ils étaient soutenus par le joyeux courage que donne la défense d'une bonne cause.

Les hommes qui sentent leur force sont disposés aux sentiments généreux; le vieillard dit à sa petite armée : « Nous pouvons repousser nos voisins et les vaincre; mais si nous avions le bonheur de les instruire, de les arrêter, sans employer la force; si nous pouvions les engager à chercher le bonheur dans le travail, comme nous avons fait nous-mêmes, cela serait bien plus doux, plus glorieux et plus sûr. »

Il fit donc arrêter sa troupe et s'avança tout seul, en faisant aux ennemis des signes d'intelligence. Quelques-uns s'approchèrent, et il leur parla en ces termes :

« Vous avez dessein de ravir les fruits sur lesquels nous avons compté pour notre subsistance, et qui sans nous n'existeraient pas : que diriez-vous si nous allions piller et détruire les cabanes que vous avez bâties? Prétendez-vous que nous n'avons pas le droit de nous établir sur une portion de la terre et d'en écarter les nouveaux venus? Mais vos cabanes sont aussi établies sur la terre, et vous en défendez l'entrée à toute personne qu'il ne vous plaît pas d'y recevoir. En nous appropriant un canton pour nos familles, nous ne vous faisons point de tort; au contraire, chacun de nous, depuis qu'il s'est fait cultivateur, a besoin pour sa nourriture d'un espace de terre beaucoup moins grand qu'autrefois: nous vous cédons tout ce que nous ne cultivons pas; vous êtes demeurés seuls possesseurs de l'autre bord : nous vous l'abandonnons, nous respecterons votre part, mais nous entendons que vous respectiez la nôtre. Cette rive est plus riche maintenant; cependant elle n'est pas plus fertile, et ce que nous avons fait de ce côté, vous pouvez le faire chez vous. Vous le ferez bien plus facilement, si vous acceptez nos secours; nous vous donnerons de nos graines et de nos jeunes plants; notre expérience aidera vos premiers efforts, heureux de vous faire partager le bonheur qui excite votre envie !

« Vous sentez bien que notre sort vaut mieux que le vôtre, puisque nous restons chez nous, satisfaits de ce que nous avons, tandis que vous quittez vos demeures pour nous troubler dans les nôtres. Au lieu de nous attaquer injustement, imitez-nous sagement, et bientôt la race humaine couvrira la terre, et nous refoulerons dans les déserts arides les animaux féroces, nos communs ennemis. Ils sont déjà beaucoup plus rares dans nos campagnes; ils nous faisaient trembler autrefois : maintenant ils fuient devant nous.

« Nous ne vous craignons pas davantage ; nos armes sont prêtes; nos arcs ne sont pas moins forts que les vôtres; nos flèches ne sont pas moins acérées; nos bras sont aussi robustes et nos cœurs aussi courageux ; mais si vous préférez la paix à la guerre, si vous aimez mieux nous avoir pour alliés que pour ennemis, soyez les bien venus! Au lieu d'une bataille, nous vous offrons une fête; au lieu de répandre votre sang, nous verserons celui de quelques agneaux, nous vous servirons des fruits de nos vergers, et vous ferez aujourd'hui, dans ce lieu même, un repas beaucoup meilleur que ceux auxquels vous êtes accoutumés. »

Les agresseurs, retenus par la prudence, touchés de ces prévenances amicales, séduits par l'espérance d'un plaisir, acceptèrent l'invitation du vieillard; on célébra au bord du fleuve un banquet fraternel, et l'on conclut le premier traité de paix. Bientôt les deux rives furent cultivées, et les travailleurs, toujours plus nombreux, furent mieux en état de repousser la violence.

FRANÇOIS. Que j'aurais voulu voir ces hommes d'autrefois assis à table, le verre à la main, jouant du couteau et de la fourchette!

JULES. Eh! mon ami, ils n'avaient ni siéges, ni tables, ni couteaux, ni fourchettes; ils étaient sans doute assis par terre et mangeaient avec les doigts.

L'AÏEUL. En effet, ils étaient encore bien indigents, ces premiers laboureurs, et pourtant c'est à eux que nous devons les plus grands progrès de la société humaine; l'agriculture fut d'abord l'art civilisateur par excellence, et si les hommes ne s'étaient pas partagé la terre pour la cultiver, ils seraient encore sauvages.

LOUISE. N'avez-vous plus rien à nous dire sur ces peuples anciens, mon cher grand-papa? Il me semble que plus ces histoires sont vieilles, plus elles me divertissent.

JULES. Une chose m'embarrasse encore. Si des étrangers voulaient s'emparer de notre domaine, nous ne pourrions plus leur dire : « Passez sur l'autre rive, » puisqu'elle est cultivée et partagée comme celle-ci.

L'AÏEUL. En effet, le cas est embarrassant. Il faudra songer à la réponse. Heureusement la nuit porte conseil, surtout à mon âge, où l'on n'a que trop le loisir de méditer, pendant que la jeunesse sommeille.

LOUISE. Oh! cher grand-papa, dormez bien, je vous prie; cela vous est nécessaire. Fiez-vous à votre science! Allez, je vous assure que vous trouverez demain, sans peine, tout ce que nou avons besoin d'apprendre.

DOUZIÈME ENTRETIEN.

De la Propriété.

L'Aïeul. A mesure que la terre fut mieux cultivée la population augmenta, mes chers enfants. Les hommes se dispersèrent de tous côtés, traversèrent les fleuves, les montagnes, et bientôt les lacs et les mers, pour fonder des sociétés nouvelles. Mais le développement de l'agriculture donna naissance à beaucoup d'autres industries. Il fallait des outils au cultivateur : on trouva les métaux et l'art de les fondre ou de les forger. De plus grandes habitations devinrent nécessaires pour loger, abriter les récoltes et le bétail; l'homme voulut être lui-même mieux logé, mieux vêtu, mieux nourri : les métiers naquirent en même temps que les besoins qu'ils étaient destinés à satisfaire. Bientôt tous ces métiers, et l'agriculture elle-même, furent assez perfectionnés pour qu'on ne pût espérer d'y réussir sans faire un apprentissage, par le secours des hommes qui s'en étaient longtemps occupés. Alors chacun fit son choix parmi les nombreuses industries de la société, et s'attacha exclusivement à une seule espèce de travail, parce qu'on fait bien plus vite et bien mieux ce qu'on fait constamment. L'un fut laboureur, l'autre pêcheur, l'autre forgeron, maçon, tailleur..... Chacun fournissait aux autres les produits de son travail et recevait en échange ceux du travail d'autrui. Celui qui ne produisait rien, n'ayant aucun service à rendre, n'en recevait aucun.

LOUISE. Alors il mourait de faim!

L'AÏEUL. Oui, s'il ne voulait pas se résoudre à travailler.

FRANÇOIS. Mais ne pouvait-il pas dire: « De quel droit m'y forceriez-vous? Tous les hommes sont égaux; je ne veux pas vivre en société avec vous: rendez-moi ma part de l'héritage commun! Quand je serai seul dans mon petit coin, je saurai bien me passer de vous! »

L'AÏEUL. Ses contemporains pouvaient lui répondre à leur tour: « Ce n'est pas nous qui avons fait le monde ce qu'il est. Comme toi, nous sommes nés au milieu de la société toute formée; nous avons trouvé comme toi la terre partagée, occupée, et nous avons dû nous y ménager une place, en faisant dès notre jeunesse l'apprentissage d'un travail utile. Tu peux encore en faire autant, et tu le dois, car personne parmi nous, même de ceux que tu accuses d'avoir pris ta part de l'héritage commun, n'est dispensé du travail. Sans les pénibles efforts du cultivateur, ces terres, aujourd'hui si fécondes, seraient stériles et ne produiraient presque rien. Si tu veux rester parmi nous, cherche donc à t'employer comme nous; si tu ne veux rien faire, va-t'en! Il y a dans les pays lointains des terres désertes, cours y chercher la vie sauvage et paresseuse que tu regrettes; mais, crois moi, tu la trouveras plus dure, plus triste, plus dangereuse que celle du plus laborieux ouvrier. »

JULES. Je le crois bien! Il suffit de lire les récits des voyageurs, pour être dégoûté du métier de sauvage. Cependant pourrions-nous encore adresser aux terres vacantes l'homme qui réclamerait sa part du sol, non pour y vivre paresseusement, comme un sauvage, mais pour la cultiver comme nous?

L'AÏEUL. Oui, mon enfant. Après tant de siècles, il reste encore d'immenses territoires sans culture et presque sans habitants; l'homme manque à la terre beaucoup plus que la terre à l'homme, et c'est, je crois, un grand tort des sociétés européennes, de ne pas recourir davantage à la colonisation.

FRANÇOIS. Ce qui veut dire?

L'AÏEUL. L'établissement en pays étranger de colonies, de petites sociétés qui partent de la mère patrie, vivent sous sa protection et entretiennent avec elle d'étroites relations, en sorte qu'elles peuvent se rendre mutuellement de grands services.

JULES. Personne mieux que les Français ne peut former de pareils établissements : nous possédons l'Algérie, vaste et riche contrée d'Afrique, conquise par nos armes, où nous pouvons fonder une France nouvelle!

L'AÏEUL. Tu sais que le gouvernement et les

citoyens y songent plus sérieusement que jamais. De nombreux émigrants s'y rendent; ils seront aidés et protégés par l'autorité publique.

JULES. Mais que dire et que faire quand toute la terre sera divisée et mise en culture?

L'AÏEUL. Oh! nous n'en sommes pas là; t recules beaucoup le terme de la difficulté. Je pourrais te dire : « Attendons jusqu'alors, et nous verrons; » mais j'éviterais ainsi de te répondre, car, en vérité, ni vous ni vos enfants, vous ne verrez un état de choses qui, s'il existe jamais, ne se réalisera qu'après une longue suite de siècles. Je suppose donc qu'il ne reste pas sur le globe un mètre carré de terre cultivable que nous puissions offrir au dernier venu : comme il ne naît pas avec un droit supérieur à celui de ses devanciers, il ne peut les dépouiller violemment pour se mettre à leur place, pas plus que, dans une assemblée, celui qui vient après les autres n'a le droit de faire lever les gens, pour s'asseoir lui-même sur leur siége. D'ailleurs que gagnerait à cela le nouveau possesseur? Si Pierre peut dépouiller Jacques, Paul peut dépouiller Pierre à son tour. Par conséquent plus de sûreté pour personne; ce que votre violence vous aura donné, la violence d'autrui vous l'ôtera, et nous voilà retombés dans la barbarie des premiers âges, où la force décidait tout.

Mes enfants, c'est, comme nous l'avons dit, aux nouveaux venus à chercher doucement leur place dans le monde. Quand même tout le sol cultivable serait occupé, il y aurait encore bien d'autres carrières pour les hommes vraiment disposés à travailler. L'agriculture n'est, après tout, qu'une des mille industries humaines ; si elle ne vous est pas ouverte, vous n'en avez pas moins votre place au soleil : il luit sur les villes comme sur les campagnes. Enfin, si l'agriculture vous plait, vous pouvez toujours lui offrir et lui consacrer vos bras. Vous verrez que la terre, comme une mère juste et libérale, nourrit tous ceux qui lui demandent le pain du travail. Et très-souvent tel commence par labourer le champ d'autrui, qui cultive à la fin de ses jours un petit enclos acheté avec ses économies.

Voilà ma pensée, mes amis ; il faut qu'on nous laisse jouir tranquillement des terres que nous possédons à titre de propriétaires. La paix sociale est à ce prix : car ne croyez pas que les agriculteurs soient seuls intéressés dans la question. S'ils étaient inquiétés dans leur droit, aucune propriété ne serait plus garantie ; le campagnard, privé de son patrimoine, envahirait l'hôtel du citadin ou les établissements de l'industriel ; l'industriel, chassé de son usine, se jetterait sur les magasins du marchand ; le plus pauvre artisan ne pourrait pas faire respecter son échoppe, ni l'ouvrier lui-même ses outils. Car pourquoi une partie des biens terrestres seraitelle mieux garantie que l'autre ? Ne sommes-nous pas égaux et frères ? Forgeron, vous avez besoin, pour exercer votre industrie, d'une usine, d'une chute d'eau et de nombreux instruments : moi, campagnard, il me faut de même quelques outils, quelques bâtiments, enfin un champ où je puisse faire croître ces moissons qui nourrissent les hommes ; vous attendez de moi le produit du labour, comme j'attends de vous les instruments du labourage : respectez donc mon établissement agricole comme je respecte votre établissement industriel ; faites mieux : maître de l'usine, protégez contre la violence le maître de la ferme, si vous voulez qu'il vous protége à son tour. Nous sommes tous solidaires, c'est-à-dire responsables les uns pour les autres ; il n'y a qu'un seul et même droit de propriété ; s'il est attaqué en ma personne, il peut l'être en la vôtre. C'est comme l'incendie de la maison voisine : hâtez-vous de l'éteindre, afin qu'il ne gagne pas votre propre demeure et la ville tout entière.

L'intérêt commun ! voilà donc, mes enfants, ce qui fait la sûreté commune. Pour fortifier ce lien de la société, Dieu l'a étroitement uni à la justice, dont il a gravé le sentiment dans nos cœurs, en sorte que nous défendrions avec passion comme juste ce que nous défendrions avec réflexion comme nécessaire. Ne croyez pas, mes amis, que les téméraires qui veulent abolir ces lois divines y parviennent jamais. Ils exciteront peut-être des guerres sanglantes, mais ils rencontreront chez les hommes indignés une résistance invincible ; ils agiteront le monde, mais ils n'en changeront pas le cours; ils affligeront la société, mais ils ne la détruiront pas.

Le malheur est que souvent on ne désigne sous le nom de propriétés que les biens immeubles, les terres, les maisons, et sous le nom de propriétaires que ceux qui possèdent ces biens-là, comme s'il n'y avait pas beaucoup d'autres choses, et souvent bien plus productives, que les hommes peuvent *s'approprier*, c'est-à-dire posséder à titre de *propriétaires!* On voit le campagnard établi sur son domaine, et ce genre de possession excite beaucoup plus l'envie, parce qu'il frappe plus vivement les yeux; il semble qu'il n'y ait de place au monde que pour le propriétaire foncier, et qu'il dérobe aux hommes l'air, l'espace, le soleil! Quelle folie! Le lieu où nos travaux s'exercent est plus étendu, mais, si nous avons le droit d'en écarter les passants, c'est dans l'intérêt des gens que nos récoltes nourrissent, tout autant que dans le nôtre. Si nous recueillons du blé, du vin et des fruits en abondance, est-ce que nous en consommons davantage? Non, non, nous ne sommes pas les sangsues de la société; nous lui rendons bien plus qu'elle ne nous donne, et nous pouvons dire à ceux qui menacent nos propriétés : « Si vous savez un bon métier qui vous fasse vivre, vous êtes aussi riches, et probablement plus riches que nous; si vous n'avez voulu faire aucun apprentissage utile, et ne savez rendre aucun bon service à la société, de quel droit, paresseux que vous êtes, nous prendriez-vous les instruments nécessaires à notre travail ? Cette vigne, ce champ, ce jardin ne sont pas autre chose ! »

LE CAMPAGNARD ET L'AVOCAT.

Deux cousins avaient hérité d'un parent éloigné chacun une somme de trente mille francs. C'étaient deux très-jeunes gens, qui habitaient le même canton. Ils n'avaient ni l'un ni l'autre aucune fortune que celle-là. L'un résolut de se rendre à Paris, et d'y faire des études pour se vouer à la profession d'avocat. C'était un caractère ambitieux ; et, comme il avait reconnu que, de nos jours, le talent de la parole est un grand avantage à ceux qui veulent dominer, il préféra un état qui exerce à discourir devant les hommes assemblés. Il passa plusieurs années dans ces travaux, cherchant de jour en jour à se rendre plus habile, et surtout à faire voir qu'il l'était. Quand il eut fini ce long apprentissage, tout son héritage était consumé, car on ne fait pas sans de grands frais ces hautes études.

Son cousin avait des goûts bien différents. Il avait toujours aimé l'agriculture, ayant été élevé à la campagne. Aussi, quand il eut recueilli son héritage, il en acheta un domaine, et le cultiva de ses mains. Il travailla si constamment, il obtint de si belles récoltes et régla ses dépenses avec tant d'économie, qu'au bout de vingt ans il avait agrandi sa propriété, au moyen de plusieurs acquisitions nouvelles, et se trouvait un des hommes les plus aisés de l'endroit. Alors le pays fut appelé à élire des députés à l'assemblée nationale, et les deux cousins se mirent sur les rangs dans leur lieu natal. Le campagnard y fut plutôt porté par ses voisins qu'il ne se présenta lui-même, et sans avoir fait de profession de foi, sans sollicitations, sans efforts, il avait de grandes chances d'être élu. L'avocat se donna beaucoup plus de mouvement. C'était, nous l'avons dit, un homme ambitieux, qui désirait passionnément jouer un rôle politique, c'est-à-dire se mêler du gouvernement et faire parler de lui. L'étude des lois ne lui avait pas donné, comme on pourrait le croire, des idées bien saines sur ce qui est juste et ce qui ne l'est pas; il avait trop d'envie de parvenir pour être fort délicat sur le choix des moyens. Les électeurs s'assemblèrent pour l'entendre, et il ne manqua pas de belles paroles. Il eut soin de rappeler qu'il était un enfant de la province, quoiqu'il l'eût quittée depuis longtemps. « Mais pourquoi l'avait-il quittée? disait-il. Pour étudier les lois, reconnaître à fond les vieux abus, et trouver les moyens d'y remédier. Rien ne lui avait coûté, ajoutait-il, pour faire ces études laborieuses; il y avait consacré tout son héritage, ne croyant pas pouvoir en faire un plus utile emploi. Maintenant il venait demander à ses concitoyens moins un honneur qu'une charge, un moyen de mettre à exécution les plans qu'il avait formés, pour étalir le règne de la justice et de l'égalité. Or qu'y avait-il de plus contraire à l'égalité que cette fureur d'agrandissement qui s'emparait de certains propriétaires fonciers? Comment souffrir qu'ils ajoutassent constamment de nouvelles terres à leurs domaines? Il n'y aurait bientôt plus de place en France que pour eux. Mais, ajoutait l'avocat, nous y mettrons bon ordre, et nous arrêterons ces empiétements sur le voisinage; nous ferons justice de ces usurpateurs! » Le candidat, vous le sentez bien, avait jeté la pierre dans le jardin du campagnard; il avait essayé de le rendre odieux, en le représentant comme un homme avide et injuste. Tout modeste qu'il était, ce brave homme ne put souffrir de s'entendre accuser ainsi. Il demanda la parole à son tour, et aussitôt il se fit un grand silence. Les uns étaient encore disposés à l'écouter favorablement malgré les injures de l'avocat; les autres étaient curieux de savoir comment il s'exprimerait, et se préparaient à rire, persuadés qu'il y donnerait sujet à ses dépens. Mais il se présenta devant les électeurs avec une assurance modeste, et parla en ces termes:

« Mes chers concitoyens, plusieurs d'entre vous ignorent peut-être que mon compétiteur est mon cousin. Si je rappelle ici cette circonstance, ce n'est pas pour l'accuser d'avoir oublié le lien qui nous unit; ce lien ne doit pas empêcher un citoyen de parler et d'agir comme il juge convenable aux intérêts de la France : et vous voyez qu'en effet mon cousin ne m'a pas ménagé ; il est au-dessus des préjugés de famille. Pour moi, j'avais besoin de rappeler cette parenté, afin de vous faire connaître en même temps la source unique de notre fortune. Il y a quelque vingt-cinq ans, nous héritâmes, d'un parent, chacun une somme de trente mille francs. Vous savez l'emploi que j'ai fait de ma part ; j'ai toujours vécu parmi vous, occupé des mêmes travaux, aidé de vos conseils et de vos secours, et vous aidant à mon tour, selon mon pouvoir. Je conviens que j'ai beaucoup travaillé ; j'avoue que Dieu a béni mes efforts et que j'ai fait des économies en menant une vie simple et dure. Il s'est trouvé des terres à vendre autour de mon domaine, et j'en ai acheté quelques-unes. Si je vous ai fait tort en cela, pourquoi, mes chers voisins, ne me l'avez-vous jamais reproché ? Nous avons toujours fait profession de franchise les uns avec les autres, et je me persuade que vous ne m'avez jugé ni avide ni injuste, puisque vous ne me l'avez pas dit. N'étais-je pas libre, en effet, de placer mon argent sur des fonds de terre, comme les possesseurs étaient libres de les échanger contre de l'argent ? Ces fonds auraient bien moins de valeur pour nous sans la faculté de les vendre quand il nous plaît, et, si je n'en ai pas acheté plus que je n'en pouvais soigneusement cultiver, je n'ai fait aucun tort à la richesse nationale. Vous savez vous-mêmes si les terres que j'exploite se sont améliorées entre mes mains.

C'est parce que vous m'avez jugé un travailleur utile que vous avez jeté les yeux sur moi pour m'appeler à l'honneur de vous représenter. Mon cousin, qui m'accuse d'être un homme avare et insatiable, se vante lui-même d'être un modèle de désintéressement : il a consumé en frais d'études l'héritage que j'ai placé en fonds de terres; mais une fois ses études achevées, qu'a-t-il fait ? Il a employé ses talents pour la plaidoirie avec tant de dévouement, qu'il s'est d'abord enrichi. En sorte que, pour s'être déterminé à sacrifier d'abord un capital de trente mille francs, il est devenu propriétaire de vingt mille francs de rente; non pas en bien-fonds, entendez-vous? il ne possède pas un seul arpent de terre, le pauvre homme! mais en belles et bonnes inscriptions de rentes sur l'État. Il n'a pas craint de se faire le créancier de cette bonne France, qu'il m'accuse d'envahir. Joignez à cela des meubles magnifiques, glaces, fauteuils, pendules, candélabres, vaisselle d'or et d'argent, brillants équipages, valets en livrée, comme vous pourrez vous en convaincre lorsque les intérêts de notre clocher vous appelleront à Paris, au boulevard des Italiens, chez notre modeste, équitable et désintéressé représentant.

Il m'était permis, je crois, mes chers concitoyens, de vous parler avec cette franchise d'un compétiteur, qui voulait m'enlever votre estime et votre affection ; il me serait aussi facile d'exciter votre indignation contre ces hommes coupables qui, en étudiant le droit, oublient la justice ; qui parlent de défendre la société et qui l'attaquent sans cesse ; de l'affermir, et qui l'ébranlent toujours davantage. Dieu créa le monde par sa parole, et ces gens-là, par leur parole, voudraient détruire l'ouvrage de Dieu. Ils méditent, en ne parlant que d'égalité, les desseins les plus ambitieux ; j'entends beaucoup retentir le mot de fraternité dans leurs discours, et je me sens traiter par ces bons frères en ennemi qu'il faudrait étouffer ; enfin leur liberté ne serait qu'une violente et ruineuse tyrannie. Le ciel nous préserve de voir la France livrée à ces prétendus réformateurs ! Pour moi, si vous m'envoyez à l'assemblée, j'y ferai peu de discours, mais je voterai en conscience pour le respect des droits de chacun, et, s'il est une propriété que je défende avec plus de zèle, ce sera celle des cultivateurs du sol, parce que je crois cette propriété acquise et méritée par des travaux plus utiles, plus pénibles et plus honorables que la plupart des autres. »

JULES. Il ne parlait pas trop mal, ce campagnard ! Et qui fut nommé représentant ?

L'AÏEUL. Le cultivateur. L'avocat eut à peine quelques suffrages.

FRANÇOIS. Il n'aurait pas eu le mien ! Me voilà tranquille maintenant. Les premiers venus ne vendangeront pas dans nos vignes et ne moissonneront pas nos blés. Mais, grand-papa, puisque les bras de mon père sont pour le moins aussi forts que ceux de M. Massias, qui d'ailleurs n'a qu'un enfant, tandis que notre père en a trois, est-il juste que nous ayons à peine vingt arpents de terre, et que M. Massias en possède quatre ou cinq cents ?

L'AÏEUL. François aime fort la justice, quand elle protège ses droits, mais il ne l'aime plus, quand elle protége ceux d'autrui. On rencontre bien des hommes aussi peu raisonnables, même parmi ceux qui se mêlent de gouverner le monde. Je vous ai dit aujourd'hui ce que nous pouvons répondre aux étrangers qui voudront envahir notre petit domaine : nous rechercherons demain ce que M. Massias pourrait répondre à François.

TREIZIÈME ENTRETIEN.

Riches et pauvres.

L'AÏEUL. François, il y a dans notre village un homme qui est toujours à l'ouvrage avant les autres, et qui travaille encore quand les autres se reposent ; on le voit quelquefois, tant il est laborieux, bêcher son jardin, semer et planter à la clarté d'une lampe : le jour n'est pas assez long pour cet ouvrier infatigable. Cela n'est-il pas excessif, et ne devrait-on pas empêcher cet homme de travailler tant?

FRANÇOIS. Pourquoi donc, grand-papa? Cet homme, je le connais bien, c'est Georges Pidal. Il a une famille nombreuse, mais il est à son aise, et c'est à son activité qu'il en est redevable. Comment pourrait-on défendre à Georges Pidal de travailler? Il ne fait tort à personne, il est libre, il est maître chez lui!

L'AÏEUL. Tu crois donc que chacun a le droit de travailler autant qu'il veut?

FRANÇOIS. Mais sans doute!

L'AÏEUL. Je ferai maintenant une autre question à Louise. Il y a dans un village, à quelques kilomètres d'ici, un homme qui fabrique des faux excellentes; aucun ouvrier n'en fait de pareilles; aussi en a-t-il un grand débit: mais il est plus cher que les autres fabricants; il exige la moitié en sus du prix ordinaire, et c'est peine perdue de marchander. Si vous lui dites que vous pouvez avoir ailleurs des faux moins chères, il vous répond qu'il ne vous force pas d'acheter les siennes. Cet homme n'est-il pas déraisonnable, et ne devrait-on pas l'obliger de vendre au prix ordinaire les objets qu'il fabrique?

LOUISE. Non, grand-papa! Il est maître d'en fixer le prix. Tant pis pour lui, s'il est trop cher! Sa marchandise lui restera. Mais, puisqu'il en a un grand débit, les acheteurs trouvent sans doute leur compte à se servir chez lui. Je suis sûre que ses faux coupent mieux et durent plus longtemps que les autres.

L'AÏEUL. Me voilà tranquille! Le fabricant, qui

est de mes amis, peut donc maintenir le prix de ses faux. Une troisième question !

JULES. A moi peut-être?

L'AÏEUL. Je te réserve la quatrième. Celle-ci s'adresse encore à nos petits raisonneurs. Un homme achète cent pièces de vin, dans un moment de grande abondance ; il garde sa marchandise une année, et, comme la récolte suivante se trouve fort mauvaise et presque nulle, le vin manque dans le pays ; l'acheteur des cent pièces refuse de les vendre, à moins qu'on ne les lui paye trois fois ce qu'elles lui ont coûté : est-il juste et raisonnable dans ses prétentions ?

FRANÇOIS. Comme il s'agit d'un commerce de vin, Louise voudra bien, je pense, me céder la parole. Si l'homme est juste et raisonnable d'exiger un si grand bénéfice, je serais embarrassé à le dire; mais je sais bien qu'il ne serait ni raisonnable ni juste de le forcer à vendre au-dessous du prix qu'il demande. Les gens qui ne pourront ou ne voudront pas acheter de vin boiront de l'eau et prendront patience ; on n'en meurt pas ; le maître du vin ne le vendra pas, et peut-être il s'en repentira, si la récolte suivante est meilleure. Enfin il est libre de fixer le prix de son vin, comme l'autre le prix de ses faux.

L'AÏEUL. Fort bien ! Je m'adresse à Jules maintenant, et je lui demande s'il trouve aussi juste et bon, qu'un homme puisse léguer ses biens par testament à qui il lui plaît, en sorte qu'au moment où il cesse d'en jouir, il ait le droit d'en transmettre à d'autres la jouissance? N'est-il pas singulier que les morts veuillent faire la loi aux vivants?

JULES. Avant de vous répondre, mon cher grand-père, je vous conterai ce qui m'est arrivé il y a quelques jours. J'avais acheté à la ville, chez l'épicier, divers articles, par ordre de notre mère. Je vis que, pour envelopper le savon, le sucre, la cire et je ne sais quels autres objets l'épicier détachait des feuillets d'un grand volume, fort bien imprimé. En le voyant faire, je me disais : « Quel dommage! Ce livre renfermait peut-être des idées excellentes, et le voilà détruit! Personne ne profitera de la science que l'auteur y recueillit sans doute avec beaucoup de peine. » Arrivé chez nous, je priai notre mère de me donner ces feuillets, ce qu'elle voulut bien faire, aussitôt qu'elle eut serré toutes ses provisions. Heureusement les feuillets se suivaient; je vis, au titre, que c'étaient les *Motifs et conférences du code civil*, et je crus comprendre que c'étaient les réflexions d'hommes habiles sur les raisons qu'on pouvait avoir d'établir telle ou telle règle dans nos lois. Or je tombai justement sur la matière des successions. Vous ne serez donc pas trop surpris si j'ai quelques bonnes idées là-dessus; vous saurez où je les ai prises.

L'AÏEUL. Jules ne veut pas qu'on lui fasse honneur de ce qu'il emprunte : j'estime cette loyauté.

JULES. Je considère dans cette question l'intérêt des propriétaires actuels des biens, et je trouve qu'il leur est utile d'en pouvoir disposer à cause de mort, comme disent les jurisconsultes, c'est-à-dire de les pouvoir donner par testament à qui ils veulent, parce que cela leur attache par l'espérance les personnes dont ils peuvent avoir besoin, particulièrement pendant les dernières années de leur vie. Sans doute les enfants ne rendent pas toujours à leurs vieux parents des soins intéressés; cependant, il faut l'avouer, beaucoup de vieillards seraient négligés, beaucoup de pères de famille seraient moins respectés et moins obéis, si l'on ne savait pas qu'ils peuvent reconnaître, dans un testament, les soins, l'assiduité, les égards, et punir la négligence, la dureté et l'ingratitude.

FRANÇOIS. Je crois comprendre! Nous serons disposés à ménager jusqu'à leur dernier jour ceux qui peuvent nous faire du bien ou du mal même apres leur mort.

LOUISE. Oh! je vous assure, grand-papa, qu'il me suffit de vous aimer pour vous servir de tout mon pouvoir et pour faire tout ce que vous désirez.

L'AÏEUL. Je n'en doute pas, mon enfant; mais les lois sont faites pour nous mettre en garde contre ceux qui ne savent pas écouter toujours la voix de la conscience.

JULES. Je considère ensuite l'intérêt des personnes qui ne possèdent pas encore, et en faveur de qui la succession s'ouvrira. Si un homme a le droit de transmettre ses biens à qui il voudra, c'est un puissant aiguillon qui le presse de travailler et de faire des économies. En effet, la plupart des hommes ont des affections : d'abord les pères de famille aiment leurs enfants, et, à défaut de fils et de filles, nous aimons des neveux, des nièces, des frères, des cousins ou des amis de notre choix. Or nous serons bien plus disposés à augmenter notre bien, à le maintenir en bon état, si nous savons que nous pouvons, à notre mort, le faire passer de nos mains dans celles de personnes chéries. Ainsi la génération suivante reçoit de celle qui s'en va les terres, les maisons, les valeurs de toute espèce, dans un état florissant, bien conservées bien entretenues, parce que la faculté de tester intéresse les hommes à ce qui se passera après leur mort. Il ne faut donc pas être choqué de voir les morts faire en quelque sorte la loi aux vivants; c'est l'intérêt des vivants qu'il en soit ainsi; c'est l'intérêt de la société tout entière; car il importe à l'État que les biens de toute sorte soient administrés le mieux possible. Si toute la France est mieux cultivée, elle est plus riche, plus puissante, plus heureuse.

LOUISE. Mon frère Jules est bien habile, et ce qu'il dit est, je crois, fort beau.

L'AÏEUL. Mais sa petite sœur a quelque peine à le comprendre : c'est ce qu'elle veut dire sans doute. Je vais lui conter une histoire qui rendra plus claires les réflexions de Jules.

LA DONATION.

Au temps jadis, lorsque les ruines qu'on voit encore sur la colline étaient un château fort (il y a plus de six cents ans), un riche et puissant seigneur était, sous l'autorité du roi, le maître de la contrée ; les habitants étaient ses vassaux. Il possédait autour de son manoir des terres, dont une partie restait en friche, c'est-à-dire sans culture, ou n'était couverte que de forêts. Ce riche et puissant seigneur dut fournir au roi de France un contingent d'hommes d'armes, et se mettre à leur tête, pour aller à la guerre. Parmi les hommes qui le suivirent, il y en eut un qui se distingua par sa vaillance et par sa fidélité. Il eut même le bonheur de sauver la vie à son maître dans un combat. Celui-ci, reconnaissant, lui dit, lorsqu'ils furent de retour : « Mon ami, si j'ai revu le château de mes pères, si j'ai pu embrasser la comtesse mon épouse et mes jeunes enfants, c'est à toi que j'en suis redevable, et je veux te prouver que ton seigneur n'est pas ingrat. Tu connais la métairie que je possède de l'autre côté de la rivière : les terres en sont incultes, mais fertiles ; tu es bon ouvrier, va t'y établir avec ta famille ; je t'en cède l'usufruit. »

FRANÇOIS. L'usufruit?

L'AÏEUL. C'est-à-dire la jouissance pendant toute sa vie.

FRANÇOIS. Si bien qu'à la mort du vaillant soldat, ses enfants devaient quitter la métairie et retourner chez eux !

LOUISE. Et sans doute dans quelque misérable chaumière ?

L'AÏEUL. Oui, très misérable, avec bien peu de terre alentour.

LOUISE. Le pauvre homme ! Cela devait diminuer beaucoup le plaisir qu'il eut à se trouver dans l'aisance !

L'AÏEUL. D'autant plus qu'il se faisait déjà vieux. Il était, comme on dit, sur le retour, et n'était allé à la guerre, avec sa barbe grise, que par affection pour son seigneur. Lorsqu'il se fut transporté dans la métairie avec toute sa famille, il se trouva fort embarrassé. Il ne pouvait entreprendre des travaux de défrichement sans faire de fortes avances, et il craignait de faire tort à sa famille, s'il venait à mourir avant d'en avoir profité. Il passa donc ainsi une année dans l'inaction, recueillant ce que ces terres incultes produisaient, c'est-à-dire un peu d'herbe pour le bétail et du bois de chauffage. Un jour qu'il se promenait tristement sur la bruyère, le seigneur vint à passer, comme il se rendait à une chasse dans le voisinage.

« Eh bien, maître Henri, dit le comte, te voilà tout rêveur ! Que cherches-tu dans ces bruyères ? Crois-tu y trouver de l'or, sans prendre la peine de le faire sortir toi-même de la terre ? Franchement, j'attendais mieux de toi, et je pensais voir bientôt ces landes couvertes de moissons. Qui t'empêche de les cultiver? »

Henri, qui connaissait le seigneur pour un homme juste et bon, ne craignit pas de lui dire ce qui l'arrêtait; qu'il faudrait de grands frais pour mettre le sol en culture; que les premières récoltes seraient mauvaises et ne payeraient pas la dépense; qu'en attendant il pouvait mourir et laisser à ses enfants de nouvelles dettes, sans aucun moyen de les acquitter.

« Tu es un père de famille sage et prudent, interrompit le comte, et je ne peux te blâmer; mais tu montres peu de confiance en moi, de supposer qu'à ta mort j'aurais laissé tes enfants chargés d'une dette qui n'aurait profité qu'à moi.

— Et vous-même, monsieur le comte, ne pouvez-vous?...

— J'entends! tu veux dire que je pourrais bien mourir avant toi, ou du moins avant d'avoir mis en règle cette affaire. Écoute, tu as raison, je crois, d'être prévoyant, et je vais te mettre à l'aise. Si je ne consultais que mon amitié pour toi, je te dirais : « La métairie, avec toutes ses « dépendances, est dès aujourd'hui ta propriété « incommutable[1]; tu pourras en disposer à cause « de mort; elle passera à tes héritiers; » mais, franchement, la donation serait un peu forte, vu l'état de ma fortune et le nombre de mes en-

1. Dont on ne peut être légitimement dépossédé.

fants : pour t'être agréable, je t'abandonne en toute propriété la moitié des terres dont je t'avais cédé l'usufruit. Mon châtelain sera chargé dès ce soir de mettre en règle cette donation. Cela te convient-t-il?... Bon; je vois tes yeux briller de joie ! Touche-moi la main, maître Henri; nous sommes d'accord ! »

En disant ces mots, le chevalier piqua des deux, pour se dérober aux témoignages de la reconnaissance. Henri retourna chez lui. La nouvelle qu'il apportait répandit la joie dans la famille. En peu de temps, la moitié des terres qui lui fut assignée eut changé de face; ce n'étaient partout que riches cultures, plantations nouvelles, vergers, champs, jardins. Pourquoi? parce que Henri pouvait désormais transmettre à ses héritiers la terre dont il jouissait.

FRANÇOIS. Il paraît que nos chers parents ont aussi l'assurance de nous transmettre leur petit domaine, car ils ne se lassent pas d'y faire tout le bien qu'ils peuvent.

L'AÏEUL. En effet, mon bon ami, tu peux juger que, si ton père ne songeait qu'à lui, il ne prendrait pas tant de peine et ne ferait pas de si grandes avances. La couverture de la maison avait besoin d'être réparée; mais, en changeant quelques lattes, en remplaçant quelques tuiles, nous aurions été bien des années sans souffrir; au lieu de cela, nous avons renouvelé toute la charpente : c'est fait pour vous et pour vos enfants. Vous croirez bien aussi que je n'espère pas récolter beaucoup de fruits dans le verger que j'ai planté, l'an passé, des meilleures espèces. Cependant la propriété s'améliore et gagne en valeur par ces travaux que nous faisons pour des héritiers de notre choix; et, comme nous l'avons dit, le bien de la famille est en même temps le bien de la France ; en agissant comme de bons pères, nous agissons encore comme de bons citoyens.

FRANÇOIS. Tant mieux que tout s'arrange si bien ! Je serais fâché que la France ne fût pas contente de nous, car, pour moi, je suis fort content d'elle, puisqu'elle nous permet de transmettre à qui il nous plaît ce que nous possédons.

L'AÏEUL. Elle fait plus que le permettre ; elle supplée même au défaut de testament, et règle comme nous aurions pu le désirer notre succession, quand nous ne la réglons pas nous-mêmes.

FRANÇOIS. Est-ce qu'on négligerait une affaire si importante ?

L'AÏEUL. Mon ami, pour tester, c'est-à-dire pour faire un testament, il faut avoir un certain âge, il faut être sain d'esprit ; d'ailleurs il y a le chapitre des accidents ; on peut mourir de mort subite ; le testament peut être perdu, détruit... alors la loi distribue notre succession comme on présume que nous l'aurions fait nous-mêmes. Tenez, moi qui vous parle, je n'ai point fait de testament, parce qu'ayant pour seul héritier mon fils unique, à qui je ne veux pas faire tort, je laisserai la succession s'ouvrir *ab intestat*, comme disent les lois, et mon fils héritera tout.

J'aurais encore beaucoup de choses intéressantes à vous dire sur ce sujet; mais je n'ai pas oublié M. Massias ni notre ami François, et je crois être en état maintenant de défendre les quatre cents arpents du riche agronome contre les prétentions de mon petit-fils.

FRANÇOIS. Comment cela? Il n'en a pas été question ce soir!

L'AÏEUL. Écoutez-moi: vous avez reconnu qu'un homme est libre de travailler autant qu'il veut, de mettre le prix qu'il veut au produit de son travail, et même aux marchandises qu'il achète pour les revendre : c'est reconnaître qu'un homme est libre de s'enrichir autant qu'il pourra par un travail, une industrie ou un commerce honnête. Vous avez jugé de plus qu'il est juste, qu'il est avantageux à la société tout entière que le propriétaire puisse transmettre ce qu'il possède à des héritiers de son choix, et l'on peut s'attendre qu'il préférera ses enfants à tout autre : ainsi les héritages passent de génération en génération, et si nous supposons une suite de pères de famille sages, laborieux, économes...

LOUISE. Comme chez nous!

L'AÏEUL. Les enfants peuvent quelquefois être plus riches que leurs pères, les petits-enfants plus riches encore, et ainsi de suite.

JULES. Fort bien ; lorsqu'il n'y a, par exemple, qu'un enfant, il hérite à la fois de son père et de sa mère, et se trouve plus riche que l'un et l'autre.

FRANÇOIS. Alors j'aime bien mieux être moins riche et n'être pas seul !

L'AÏEUL. M. Massias était seul ; son père et, je crois, aussi son grand-père avaient déjà réuni plusieurs successions dans leurs mains : ainsi s'explique en partie l'accroissement de leur fortune ; le reste est dû à des entreprises industrielles ; car, chez les gens actifs, avec des capitaux on gagne des capitaux.

JULES. Voilà ce qui m'inquiète ! Les riches ne pourront-ils pas amasser tellement de biens, qu'ils ne laisseront rien aux autres ? Je n'ai rien à dire contre la liberté du travail, du commerce et des testaments, mais je voudrais être sûr qu'elle n'est pas nuisible au bonheur général. Qui me garantira qu'un petit nombre d'hommes ne seront pas enfin assez riches pour acheter, s'ils le veulent, toute la France ?

L'AÏEUL. A demain la réponse !

QUATORZIÈME ENTRETIEN.

Riches et pauvres.

L'AÏEUL. Te souviens-tu, Jules, du charron qui demeurait au bout du village ? Je m'adresse à toi, parce que je sais bien que Louise et François ne peuvent l'avoir connu.

JULES. Si je m'en souviens ! Il faudrait que je fusse un ingrat pour l'avoir oublié ; c'est lui qui m'avait donné cette jolie voiture, dans laquelle j'ai si souvent promené mon frère et ma sœur.

LOUISE. Alors nous devons l'aimer aussi, ce brave homme, quoique nous ne l'ayons pas connu.

JULES. Et vous devez le plaindre, car il a fini bien tristement. Il s'était établi, comme vous l'a dit grand-papa, au bout du village, et il était si bon ouvrier, si laborieux, qu'en peu d'années il avait fort avancé ses affaires ; les commandes étaient toujours plus considérables ; l'atelier ne suffisait plus ; il fallut en construire un plus grand ; mais, le jour même où l'on couvrait la charpente du toit, une tuile tomba sur la tête du charron, et il en mourut le lendemain.

FRANÇOIS. Oh ! je suis un des meilleurs amis de ses enfants, Etienne, Marc et André. Nous jouons souvent ensemble.

JULES. Leur mère les élève sans trop de peine, avec les économies que le père a laissées.

L'AÏEUL. Ces économies se seraient bien augmentées, sans le funeste accident que Jules vous a rappelé. Arrive-t-il souvent, dans la vie, que l'homme soit ainsi arrêté au milieu de ses entreprises ?

JULES. Très souvent ! si ce n'est par la mort, c'est par quelque autre fâcheuse circonstance. Louis Varal, par exemple, est malade depuis trois ans, quoiqu'il soit dans la fleur de l'âge. Que d'argent n'a-t-il pas dépensé en traitements, en visites de médecins, sans compter le temps perdu et l'impossibilité de soigner ses affaires, comme il l'aurait fait en état de santé !

FRANÇOIS. Et Rodolphe Balmart ! Il avait le plus beau troupeau du village, et il l'avait envoyé à la montagne de l'Ermitage pendant la belle saison ; mais la maladie est survenue tout à coup, et il n'a ramené que deux vaches à son étable.

JULES. Et Paul Rivat, qui a fait si longtemps le commerce du vin ! Pendant plus de dix années, à ce que mon père m'a rapporté, il avait parfaitement réussi : il semblait deviner d'avance si la récolte serait bonne ou mauvaise, si les prix hausseraient ou baisseraient ; son bonheur l'a rendu trop confiant, et, cette année il a perdu dans une grande spéculation tout ce qu'il possédait.

L'AÏEUL. Ainsi va le monde; les accidents, les imprudences, les chances défavorables, arrêtent bien des gens dans le chemin de la fortune.

JULES. Je m'aperçois que notre grand-père veut répondre à la question que je lui ai faite hier au soir. La fortune est changeante, elle est sujette à mille traverses : il n'est donc pas à croire que les mêmes personnes la trouvent constamment favorable; il vient un moment où ceux qui nous faisaient envie nous font pitié.

LOUISE. Oh ! si vous aviez entendu et si vous aviez vu, ce matin, à l'école, le pauvre petit Julien, le fils de Paul Rivat, le marchand de vin !

L'AÏEUL. Eh bien ?

LOUISE. C'était à lui de réciter la fable que nous avons apprise cette semaine.

L'AÏEUL. Et que disait-elle, cette fable ?

LOUISE. Elle s'appliquait si bien à ce qui leur est arrivé, que le pauvre Julien s'en est aperçu en la récitant; il a commencé par devenir tout rouge, puis en finissant il s'est mis à pleurer à chaudes larmes. Alors M. l'instituteur s'est approché de lui, l'a embrassé, et l'a consolé par de bonnes paroles. J'en étais tout émue.

L'AÏEUL. Dis-nous cette fable, Louise : heureusement nous ne craignons pas qu'elle te fasse pleurer.

LOUISE. (*Elle récite.*)

LE POMMIER.

Chargé de fruits, un beau pommier
Inclinait sa tête arrondie;
Il faisait l'orgueil d'un fermier
De la fertile Normandie.
Les voisins en étaient jaloux.
« Quel trésor! disait-on. Pauvres gens que nous sommes!
Toutes les feuilles sont chez nous,
Et chez Robin toutes les pommes!
— Ne vous lamentez pas, dit un vieux laboureur.
De cet arbre aujourd'hui vous enviez le maître :
Demain vous le plaindrez peut-être;
Tant de biens pour lui me font peur. »
Et devant le pommier tandis que l'on devise [1],
Tout à coup rompant ses appuis,
L'arbre éclate et se brise
Sous le poids de ses fruits.

Plus la fortune nous caresse,
Plus nous devons craindre sa main;
Elle prend, elle donne, et reprend et nous laisse
Riche aujourd'hui, pauvre demain.

L'AÏEUL. Et le bon M. Guérard, qu'a-t-il dit à Julien? J'aimerais à le savoir.

FRANÇOIS. J'étais à côté de lui, je l'ai bien entendu, et je vous assure que c'était ce qu'on pouvait trouver de mieux! « Mon cher enfant, lui a-t-il dit, en lui serrant doucement les mains, dans ce verger, à côté du bel arbre qui vient de

1. Parle.

se briser sous le poids de ses fruits, il s'en trouve un tout jeune, de la même espèce : il ne rapporte rien encore, mais il fait des progrès chaque année, et bientôt il produira de bonnes récoltes, qui dédommageront la famille de la perte qu'elle a faite. Courage, mon petit Julien, travaille; Dieu bénira tes efforts, et tu seras la consolation de ton père. » Julien a compris, comme nous tous, que le jeune arbre c'était lui-même; là-dessus il a embrassé M. Guérard à son tour, et il s'est essuyé les yeux.

L'AÏEUL. Je vous remercie, mes amis. Ce que vous venez de me conter m'a fort intéressé. Je vais maintenant faire une question à Louise.

LOUISE. Ah! tant mieux! Mais saurai-je y répondre?

L'AÏEUL. Je n'en doute pas. Aimes-tu les raisins, Louise?

LOUISE, *riant*. Si c'est là votre question!... Eh! sans doute je les aime; c'est, je crois, le meilleur des fruits; j'aime surtout ces chasselas dorés qui croissent contre le mur de notre vigne! Quand je les regarde il me semble qu'ils appellent ma main : une grive n'en est pas plus friande.

L'AÏEUL. Je me rappelle cependant qu'aux vendanges, comme je te cherchais, vers le soir, pour te ramener à la maison, je te trouvai assise au pied du mur : tu avais à ta portée des raisins admirables, et tu n'y touchais pas!

LOUISE. C'est que j'en avais assez mangé pour être rassasiée.

L'AÏEUL. On finit donc par se rassasier de ce qu'on aime le mieux ? Ne pourrait-on pas se fatiguer aussi d'amasser des richesses ?

FRANÇOIS. Je le crois bien ! à moins d'être de ces ambitieux qui ne sont jamais contents.

L'AÏEUL. Heureusement ces hommes ne font pas le plus grand nombre, et, quoi qu'on puisse dire, je me suis assuré par une longue expérience, qu'après avoir amassé à peu près ce qu'ils désiraient la plupart des hommes se reposent, ou du moins ne travaillent plus avec la même ardeur. Si ce n'est pas la sagesse et la modération qui les arrêtent, c'est l'affaiblissement de l'âge ; car les forces et l'activité s'en vont à la fin comme l'appétit. Voilà donc, mon ami Jules, une nouvelle garantie contre l'accumulation des richesses dans les mêmes mains.

JULES. Je comprends ! et, pendant que le riche se repose, le pauvre travaille avec l'ardeur que donnent le besoin et l'émulation ; ainsi les conditions finissent par devenir plus égales.

LE VÉTÉRAN.

L'AÏEUL. Les Romains, ce peuple célèbre qui étendit sa puissance par la conquête, avaient fait de la guerre un métier. Chez eux, beaucoup de gens portaient les armes plus longtemps qu'ils n'y étaient obligés par la loi, afin de mériter les récompenses militaires, et d'avoir quelque argent ou quelques terres qui les fissent vivre dans leur vieillesse. Un de ces vétérans avait amassé une assez belle somme, et la portait autour du corps, dans une ceinture de cuir. Pendant la nuit un voleur la lui déroba. Jugez de son désespoir ! Il dut recommencer sa laborieuse carrière, et il ne s'épargna pas. Il fit si bien, s'exposa si gaillardement dans les entreprises les plus dangereuses, qu'il mérita bientôt de nouvelles récompenses, et remplit de nouveau sa bourse. Cette fois il su mieux la garder. Il était près de prendre son congé et sa retraite, afin de porter à son vieux père le fruit de ses économies, lorsque le général lui proposa une expédition nouvelle, en lui promettant monts et merveilles. Mais le vieux soldat, qui croyait en avoir assez fait pour la gloire de Rome, désirant goûter et faire goûter aux siens un peu de repos, répondit en riant : « Mon général, envoyez à cette expédition ceux qui ont perdu leur ceinture ! »

Certes, le propos du vétéran n'est pas héroïque, et je vous l'ai cité seulement pour vous faire observer que d'ordinaire, quand le besoin vient à cesser, l'ardeur d'acquérir se ralentit. Il y a plus, les passions du riche ne l'exposent que trop souvent à la ruine, pendant que le pauvre s'enrichit. Non-seulement l'homme opulent aime le repos, mais encore il aime le luxe et la dépense ; la possession de la richesse conduit au goût du faste et des plaisirs. Toute cette magnificence, il faut l'acheter à grand prix ; de nombreux ouvriers travaillent pour l'entretenir, et, si le riche n'y prend garde, ses biens se dissipent de mille manières, comme l'eau d'un réservoir mal entretenu s'écoule par mille secrètes issues. Si l'homme qui a fait sa fortune conserve jusqu'au bout de sa carrière le goût de l'ordre et de l'économie, ses enfants, élevés trop souvent avec une molle indulgence, accoutumés à une vie sensuelle et souvent oisive, ont rarement l'activité de leur père ; ils ont trouvé, comme on dit, leur maison toute bâtie, et ne savent pas même prendre les soins nécessaires pour l'entretenir et la conserver.

LOUISE. Cette fois, je prétends vous dire aussi mon histoire ; elle vient à propos, à ce qu'il me semble : au reste, elle ne sera pas longue, je vous le promets.

JULES. Nous écoutons.

LES HIRONDELLES.

LOUISE. Il y avait une fois un homme qui vit deux hirondelles voler devant sa grange ; et, comme il comprit qu'elles désiraient y construire leur nid, il leur ouvrit la porte et les laissa faire. Les hirondelles se trouvèrent à merveille dans cette demeure, et, lorsqu'elles eurent repassé la mer, elles parlaient souvent avec leurs petits de leur nid si commode et si tranquille. « Je vous l'abandonne, dit un jour le père à deux de ses enfants; vous l'habiterez cette année; j'irai me pourvoir ailleurs. » Les petits le remercièrent, très-joyeux d'avoir un logement tout prêt, sans qu'il leur en coûtât de peine. Là-dessus, ils ne se hâtèrent point de revenir, s'amusant sur l'autre bord beaucoup plus longtemps que les autres hirondelles. « En effet, disaient-ils, rien ne nous presse ; nous avons notre nid tout fait ! » Quand ils vinrent à leur tour, ils le trouvèrent occupé par un autre couple. Ils se plaignirent au maître de la maison, qui répondit : « J'ai longtemps attendu, et j'ai eu soin d'ouvrir ma porte dès le retour du printemps; déjà je craignais de n'avoir pas chez moi d'hirondelles cette année, lorsque celles-ci ont paru. Entrez, leur ai-je dit, quand je les ai vues chercher un logement. J'étais bien le maître, je pense, de leur offrir l'hospitalité dans ma maison et de leur indiquer un nid, que je devais croire abandonné. Elles l'ont réparé soigneusement; leur couvée y repose : je ne les chasserai pas pour vous mettre à leur place. » Voilà comme on est puni de sa négligence, et comme on perd ses avantages, quand on se croit trop sûr de son fait.

L'AIEUL. Cette fable est l'histoire de beaucoup de gens.

FRANÇOIS. Cependant, mon cher grand-papa, il peut arriver que les fils soient aussi laborieux, aussi soigneux que leur père, et qu'ils sachent conserver leur patrimoine !

L'AÏEUL. Sans doute, mon enfant, et j'aime à te voir dans cette persuasion. Je suppose toutefois qu'il en soit ainsi : comme il faut, le plus souvent, partager ce patrimoine avec des frères et des sœurs, cela tend nécessairement à égaliser les fortunes, et les plus considérables finissent toujours par se réduire à une mesure plus ordinaire. C'est ce qu'on voit tous les jours; ainsi, en même temps que par différentes causes les riches descendent vers la condition moyenne, les pauvres s'y élèvent par le travail et l'économie; or il ne peut rien arriver de plus heureux pour la société, car, dans la condition moyenne, les tentations de mal faire étant moins nombreuses, moins grandes, il est plus facile d'y trouver le bonheur et d'y pratiquer la vertu.

TABLE

FIN DE LA TABLE.

CHARTRES. — IMPRIMERIE GARNIER.

www.ingramcontent.com/pod-product-compliance
Ingram Content Group UK Ltd.
Pitfield, Milton Keynes, MK11 3LW, UK
UKHW020337230726
13925UKWH00003B/840